考拉旅行 乐游全球

■ 说走就走的旅行 有我，就是这么简单！ ■ 一书在手，畅游无忧

TURKEY GUIDE
畅游 土耳其
就这本超棒！

总策划 黄金山
《畅游土耳其》编辑部 编著

华夏出版社
HUAXIA PUBLISHING HOUSE

目录 CONTENTS 畅游土耳其 TURKEY

LOOK!土耳其!	008
土耳其面孔!	009
TIPS!土耳其!	012
GO!土耳其交通!	015
速报!10大人气好玩旅游热地!	016
速报!10大无料主题迷人之选!	020
美食!10大人气魅力平民餐馆!	023
热地!购物瞎拼买平货10大潮流地!	026
带回家!特色伴手好礼!	029
超IN!3天2夜计划书!	032

1 伊斯坦布尔蓝色清真寺　037

苏丹艾哈迈德广场	038
圣索菲亚教堂	041
蓝色清真寺	047
地下宫殿	049
加洛鲁浴场	050
土耳其及伊斯兰美术馆	050
Tarihi Sultanahmet Koftecisi Selim Usta	051
Cemberlitas土耳其浴场	051
镶嵌画博物馆	052
阿拉斯塔集市	052
伊斯坦布尔考古博物馆	053
托普卡帕皇宫	055
有顶大集市	064
苏雷曼尼亚清真寺	065
Daruzziyafe Turk Mutfagi	066
吕斯泰姆帕夏清真寺	066
耶尼清真寺	067
香料集市	067
锡尔克吉火车站	068
金角湾	069
卡里耶博物馆	070
法提赫清真寺	071

2 伊斯坦布尔博斯普鲁斯海峡　073

朵玛巴切皇宫	074

朵玛巴切清真寺	078
博斯普鲁斯海峡	079
鲁梅利城堡	080
奥尔塔柯伊	081
贝勒贝伊宫	083
克兹塔	084
米赫里马赫苏丹清真寺	085
恰姆利查山	086
Kanyon	086
Istinye Park	087

③ 伊斯坦布尔加拉达塔　091

加拉达塔	090
加拉达塔景观餐厅	091
加拉达梅芙雷维博物馆	092
佩拉宫旅馆	093
伊斯提克拉尔路	094

军事博物馆	097
卡拉柯伊	098
小毛驴特色餐厅	098
Saray Muhallebicisi	099
Zencefil	099

④ 安卡拉　101

安纳托利亚文明史博物馆	102
哈吉-贝拉姆清真寺	103
独立战争博物馆	104
安卡拉大城堡	104
罗马浴室遗址	105
凯末尔-阿塔图尔克陵园	106
哈图沙什遗址	107
Zenger Pasa Konag	109

⑤ 安卡拉周边　111

葛勒梅与葛勒梅露天博物馆	112
乌奇沙保垒	116
欧塔希沙保垒	117
恰乌辛	118
策尔维户外博物馆	119
帕夏贝	120

阿瓦诺斯	121
于尔居普	122
地下城	123
苏丹罕商旅驿站	124
科尼亚阿拉丁山丘	124
梅芙拉纳博物馆	126
Begendik Merkezi	127

❻ 安塔利亚　　　　129

安塔利亚考古博物馆	130
朱汀瀑布	132
安塔利亚旧城区	133
佩尔格	136
阿斯班多斯古城	139
Termessos古城	140
锡德	141
Vanilla Lounge	143

❼ 伊兹密尔　　　　145

科纳克广场	146
滨海散步大道	147
亚哥拉古集市	148
塞尔丘克以弗所考古博物馆	148
卡迪菲卡城堡	149
阿珊索尔塔	150
考古博物馆&民俗博物馆	151
圣约翰教堂	151
伊沙贝清真寺	152
以弗所古城遗迹	153
阿忒弥斯神殿遗址	161
圣母玛利亚之屋	162
徐林杰山城	163
库沙达瑟	164
Yengec Restaurant	165
Sipahi Okey	165
肯梅拉尔特市场大街	165

8 爱琴海沿海　　167

特洛伊木马	168
奇梅里克堡垒与军事博物馆	169
恰纳卡莱考古博物馆	170
特洛伊遗址	171
贝尔加马	172
帕穆克卡莱	174
耶拉波利斯遗址	176
阿芙罗狄西亚遗址	179
卡克立克岩洞	183
莫索洛斯陵墓	184
博德鲁姆城堡	185
蓝色巡航之旅	188
达里扬与苏丹尼耶温泉	189
费特希耶考古博物馆	190
阿敏塔斯之墓	190

沙克里坎特峡谷	191
桑索斯与雷图恩遗址	192
卡斯港	193
卡莱圣尼古拉教堂	193
米拉	194
奥林匹斯与凯米拉遗址	195
北塞浦路斯萨拉米古城遗址	196
卡帕兹半岛使徒安德烈修道院	197

9 土耳其其他　　199

布尔萨绿色清真寺	200
有顶集市	202
穆拉迪耶清真寺建筑群	203
卡拉格兹艺术家之家	204
特拉布宗圣索菲亚教堂	204
内姆鲁特山国家公园	205
苏美莱修道院	206
萨夫兰博卢Carsi区	207
卡尔斯	210
多乌巴亚泽特	212

索引　　214

出游需要个好帮手

《畅游世界》系列图书即将付梓，编者嘱我写序。我曾经从事旅游出版工作十余年，对旅游图书有些感觉，在这里谈一点感言，权作交差吧。

人生数十载，不外乎上学、工作、生活三部分内容。上学和工作乐趣不多，压力不少；只有生活（上学和工作之外）能够品尝出些许味道。而这其中，最有意思、最令人向往、最能给人带来欢乐与回味的生活方式便是旅游，尤其对于当今生活节奏快、成本高，工作压力大、收入低，人口密度高、服务差，整天像牛马一样机械地干活的都市人来说，旅游是一服综合的良药，虽不能说包治百病，却是良效多多。记得哲人歌德说过："大自然是一部伟大的书。"而旅游就是阅读这部大书最为轻松愉悦的方式。一次短暂的旅游，可以使心灵得到长时间的安宁与抚慰；一次遥远的旅游，可以领悟人生的坎坷，体验生命的精彩；一次艰辛的旅游，留下的是难忘的记忆；一次快乐的旅游，带来的更是值得珍藏的财富。总之，旅游陶冶人的情操，愉悦人的身心，给人的生活带来无尽的希望与力量。

一次成功的旅游，需要做好三个阶段的工作：行前准备、途中指引、归来总结，而一本好的旅游指南书都能帮您搞定。虽然说现今的网络发达时代，利用各种固定的、移动的电子设备，可以查询相关旅游信息，方便快捷，但我对这些东西其实并不感冒，起码目前是这样，因为网上的信息东拼西凑、复制粘贴的太多，新兴的数字出版领域从行规建设、人员素质、质量控制等等诸多方面，要比已经发展了近百年的传统纸质图书行业稀松得多，可信度自然也就大打了折扣。数字出版物要想俘住广大读者的心，还有很长的路要走。所以，我建议出游的人们目前携带一本精要实用的纸质旅游指南书，还是明智的选择。

书店的旅游指南销售柜台已经摆满了花花绿绿的多家产品，各有优劣，读者尽可随意挑选。如果要我做个推荐，我自然要首推华夏出版社的"华夏行者——《畅游世界》"系列。这是一套为旅游爱好者量身定制的旅游指南书，通篇贯穿着一个宗旨，那就是让旅游者"畅"，食住行游购娱一路顺畅，惊喜快乐。书中对目的地的地理、气候、人文、区划、交通等作了详尽的介绍，还对当地的旅游热点、风味美食、平民餐馆、伴手好礼以及购物佳地等都进行了精选归纳和说明，最重要的还是本书精心设计的几天几夜游，它对于那些没时间计划或不会计划的忙人或懒人来说，很是管用，让您无须计划，拎起本书即可坦然上路。至于它是否具备优秀旅游指南的各项要素，诸如全面性、准确性、实用性、针对性、时效性、美观性等等，我便不再废话，说多了有"王婆卖瓜，自卖自夸"嫌疑，读者用过了，自然便有了答案。

　　仁者乐山，智者乐水。对于热爱生活的人们来说，旅游的步伐，从来都是风雨无阻，愿携带《畅游土耳其》出行的人们，畅来畅往，快乐安康。

华夏出版社社长、总编辑

LOOK! 土耳其!

1 概况

土耳其是一个横跨欧亚大陆的伊斯兰教国家，被称为"文明的摇篮"，拥有6500年的悠久历史和先后十三个不同文明的历史遗产。这里过去曾是古罗马帝国、拜占庭帝国和奥斯曼帝国的中心，而且地理环境复杂，三面环海，因此拥有非常丰富的旅游资源。这里的人民也非常热情好客，还有灿烂的文化、迷人的景色和神秘的传说。同时，土耳其也是一个现代化的国家，拥有一流的旅游服务设施。来到土耳其，随处可见散落的古希腊、罗马文明，以及基督教文明的遗迹，还有美丽壮观的爱琴海岸和美味的土耳其料理，一定会为游客带来独特的旅游体验。

2 地理

土耳其地跨欧亚两大洲，领土面积为78万平方公里，其中97%的领土位于亚洲，只有3%位于欧洲。亚洲部分被黑海、马尔马拉海、爱琴海和地中海三面环绕，拥有超过5000公里的海岸线。整个国土沿北纬36度至42度呈东西走向狭长铺展，长约1500公里，宽约550公里。土耳其东北与亚美尼亚、格鲁吉亚等高加索诸国接壤，西北与保加利亚、希腊相连，东部和东南部与伊朗、伊拉克、叙利亚等伊斯兰教国家相邻，而且是底格里斯河和幼发拉底河的发源地。

3 气候

土耳其主要分为三种气候，西部的马尔马拉海、爱琴海、地中海沿岸属于地中海型气候，夏季炎热，冬季潮湿，全年平均气温为14℃～20℃，年均降水量为500～700毫米；安纳托利亚高原中央区夏季干热，冬季湿冷，春、秋最宜人，全年平均气温为16℃～22℃；黑海地区则多雨、潮湿，全年平均降水量为700～2500毫米。

4 区划

土耳其行政区划等级为省、县、乡、村。全国共分为81个省、约600个县、36000多个乡村。首都是安卡拉，位于安纳托利亚高原的西北部，是一座海拔900米左右的高原古城。国内最大的城市为伊斯坦布尔。

5 人口及国花

土耳其人口总数约为8074.5万，国花是郁金香，国鸟是红翼鸫。

土耳其面孔！

NO.1 传统舞蹈

土耳其的传统舞蹈非常丰富，每个地区都有自己独特的舞蹈。北部的黑海地区人民喜欢欢快活跃的贺兰舞，由男演员身着黑色镶银边的戏服，手牵手，跟随古老提琴的节奏进行舞动；西部的爱琴海地区则是抒情缓慢的泽伊贝克舞，由身着鲜艳服饰的男演员演出，用来表现大无畏的英雄主义精神；东部及东南部还有动人优美的哈拉伊舞和热情奔放的色雷斯舞以及表现英雄人物性格的巴尔舞等。土耳其传统舞蹈的动作大多是演员上身保持挺直，下肢和脚的动作变化复杂，男性粗犷豪迈，女性则非常灵巧。

NO.2 土耳其浴场

洗浴对土耳其人来说是非常重要和神圣的一件事，在星期五上清真寺祈祷前、男人入伍前、结婚前，都要将身体清洗干净，由于土耳其人上到苏丹，下到平民百姓，人人都爱洗土耳其浴，因此土耳其的浴场非常多，每个地区都有带有当地特色的土耳其浴场。这些浴场有的已经拥有上千年的历史，大多是由大理石堆砌而成，因为大理石的导热性能较好，因此利用大理石传热更能够让人缓解疲劳，身心放松。同时，土耳其浴场也是人们交流聊天的好地方，在这里人们可以坦诚相见，因此深受土耳其人民的喜爱。

NO.3 土耳其地毯

　　土耳其的地毯具有悠久历史，最早可以追溯到公元前3000年的青铜器时期，是世界三大名毯之一。自古以来，做工精良、图案精美的土耳其地毯就享誉欧洲，被欧洲人看成是财富和身份的象征，经常被收藏在欧洲皇室的宅邸中。如今，土耳其地毯已经成为到土耳其旅游必带的纪念品，深受世界各地游客的喜爱。土耳其地毯根据原材料不同可以分为毛地毯、麻地毯和丝地毯，还有金丝银线和羊毛交织而成的豪华的黄金地毯，做工精良的地毯使用寿命长，当然价格也是不菲的。在土耳其随处可见各种花色绚丽、色彩鲜艳的土耳其地毯，让游客看得眼花缭乱，陶醉其中。

NO.4 博斯普鲁斯大桥

　　在土耳其的欧洲部分和亚洲部分之间有博斯普鲁斯海峡、达达尼尔海峡和马尔马拉海，其中博斯普鲁斯海峡上的博斯普鲁斯大桥是最受世界各地游客喜爱的景点之一，每年都会有许多游客来到这里，站在桥上的欧洲和亚洲分界线上拍照留念，纪念自己横跨两大洲的重要时刻。

NO.5 伊斯兰建筑

土耳其是一个伊斯兰国家，这里的建筑独具特色，不仅具有浓郁的伊斯兰风格，同时由于这里曾被拜占庭帝国统治，因此还带有典型的拜占庭风格，形成了独特的土耳其建筑风格。在土耳其的各个城市中都有许多壮观宏伟的清真寺建筑，包括伊斯坦布尔的蓝色清真寺、苏莱曼清真寺、鲁斯坦帕夏清真寺，以及布尔萨绿色清真寺，这些建筑还带有一些童话色彩，因此吸引了来自世界各地的游客前来参观游览朝拜。除此之外，土耳其的浴场建筑也都非常有特色，展现了土耳其的传统文化。

NO.6 土耳其美食

土耳其是与中国和法国齐名的美食大国，土耳其菜在世界上占有一席之地，是世界著名的菜系之一。人们最熟悉的土耳其美食莫过于土耳其烤肉，肉质鲜美、营养丰富，香味浓郁的土耳其烤肉，让人光是想到就垂涎三尺了。除了常见的回旋式烤肉，土耳其还有一种俗称土耳其汉堡的"考夫特"肉饼，同样是鲜美多汁，让人食指大动。土耳其美食种类繁多，还有土耳其沙拉、土耳其咖啡、土耳其酸奶、土耳其披萨，以及羊奶小饼等各种传统甜品和小吃，一定会让游客大饱口福，深受美食爱好者的喜爱。

畅游土耳其 推荐

TIPS! 土耳其!

❶ 如何办理签证申请及出入境注意事项

中国大陆公民赴土耳其观光旅游可以参加旅行社的团体旅游，也可以选择自由行个人游签证申请，在土耳其允许停留时间取决于申请人的自身情况，一般不超过14天。团体旅游签证可委托旅行社办理，个人旅游签证可在土耳其驻华签证处办理，具体办理手续如下：

旅游观光签证申请（个人游）

申请资格	目前，只要申请人有发达国家签证记录，并持有该记录旅行过，而且在土耳其的停留期不超过14天，并确保一定在签证有效期内按期离开土耳其，就可以申请土耳其旅游签证。
所需证件	1. 有效期在90天以上的护照及其复印件，身份证及其复印件（要复印两面），一张近期2寸免冠彩色照片（应粘贴于签证申请表照片处），签证申请表。 2. 工作单位介绍信原件。此介绍信应包含签证申请人的具体工作及职务安排，以及薪资收入情况，最后由工作单位负责人签名并加盖单位公章。此介绍信建议用英文，如是中文需要旅行社提供英文翻译件。 3. 退休人员应提供退休证复印件，以及最近3个月内的银行账户出入明细单或者自申请时日起至少3个月有效的银行存款证明。 4. 在校学生应提供学校出具的在校证明原件。此证明需用学校抬头纸，由学校负责人签字并加盖学校公章，并注明日期。此证明建议用英文，如是中文需要旅行社提供英文翻译件。 5. 机票订单，订单必须经过确认，建议出签之后再出机票。 6. 酒店订单，如果在土耳其停留不止一个城市，则需要所有停留城市的酒店订单。

土耳其驻中国使馆一览	旅游观光签证申请（个人游）
	1. 土耳其驻中国大使馆 地址：北京市三里屯东五街九号 电话：010-65321715
2. 土耳其驻上海领事馆 地址：上海市中山西路1055号SOHO中山广场8楼806-808室 电话：021-64746838
3. 土耳其驻广州领事馆 地址：广州市天河区临江大道3号发展中心23A 电话：020-37853093
4. 土耳其驻香港领事馆 地址：香港铜锣湾告士打道255-257号信和广场301室 电话：0852-25721331
所需费用	60美元
领取证件	土耳其旅游签证受理时间为5~7个工作日。
注意事项	签证申请受理后，在使领馆认为需要的情形下，工作单位介绍信会被要求由中国国际贸易促进委员会认证，并且提供单位营业执照的贸促会认证件。
如果签证申请人是单独出行的学生，在签证申请受理后，使领馆认为需要的情形下，会被要求提供父母的经济担保公证书。

*上述介绍仅供参考，具体申请手续以当地有关部门公布的规定为准。

❷ 出入境须知

（1）游客入境可携带200支香烟、1公升酒、3公升香水和相当于100美元的商品。古董、红茶、咖啡和香料禁止携带出境。携带相当于100美元的土耳其货币出入境必须申报。

（2）进入土耳其时，贵重物品和所有价值超过15000美元的物品都必须在所有人的护照上登记，以便离境时对其进行管理。

（3）带入境内的古董必须在所有人的护照上登记，以避免在离境时出现困难。

（4）未经特别允许，不得携带利器（包括露营用刀）和武器入境。

（5）严禁在土耳其境内携带、交易和吸食大麻及所有毒品。

（6）禁止携带土耳其古董出境。

（7）出口矿石需有特别证件。

（8）土耳其不收出境税。

❹ 货币兑换

土耳其主要货币为里拉，分5、10、20、50、100、200等六种面额，另外还有辅币库鲁，1里拉为100库鲁，主要有1、5、10、25、50库鲁和1里拉的硬币。人民币和里拉的汇率约为1.2∶1（以当天银行公布的汇率为准）。国内银行没有人民币直接兑换土耳其里拉的业务，可携带美元和欧元在当地兑换或直接使用。需要注意的是，伊斯坦尔布机场换汇处收取4%的手续费，建议去土耳其的国家银行进行兑换，汇率是最划算的。

❺ 通讯

土耳其国际长途区号为0090，在土耳其打长途电话可以购买当地的电话卡。土耳其城市街头很少有公用电话，如果需要打电话可以去邮局。打市内电话先要到邮局买专用硬币，拨号后听到嗡嗡声再投入硬币。打外省和国际电话要先接通总机。

❻ 电压

土耳其的电压为220伏，频率为50Hz，一般国内的电器都可以直接使用。土耳其所使用的插头是欧洲标准的圆形二孔插座，如果是三孔插头或是扁形插头都需要自备转接头。

❼ 时差

土耳其和我国相差6小时（土耳其晚6小时），但是土耳其在每年3月份最后一个星期日至10月份的最后一个星期日间采取夏令时，这段时间内的时差是5小时。

❽ 穿衣

土耳其虽然是伊斯兰教国家，但是整体风俗习惯较为西方化，对衣着的要求也没有那么严格，游客们可以适当穿着稍微随便一点。但是要进入清真寺这样的宗教场所时需要注意衣着不能太暴露，男性不能穿短裤，女性不能穿细肩带的衣服。

❾ 酒店住宿

土耳其的旅馆住宿价格比较贵，特别是临近各个著名旅游景点的酒店更是如此。土耳其酒店里不会提供一次性使用牙刷、牙膏、拖鞋、电热水瓶等物品，这些都要自带。酒店内电话费昂贵，建议自行购买电话磁卡使用公共电话。酒店内的自来水可以直接饮用，但是土耳其没有供应开水的习惯，需自己烧水。此外，土耳其酒店对客人的礼貌要求很高，请勿穿着睡衣走出房间；在酒店大厅内或其附设餐厅、酒吧内请勿穿拖鞋；酒店内禁止大声喧哗，以免影响其他客人休息。

❿ 付小费

一般土耳其的高级酒店和餐厅要付10%的小费。机场、饭店的搬运工，打扫房间的女服务员，给1美元即可。如果是由旅行社安排的团队用餐，客人不需另付小费。此外，如需安排行李员，请自行支付饭店行李员进店小费。

⓫ 常用电话

匪警：155
火警：110
急救电话：112
中国驻土耳其大使馆：312-4360628
中国驻伊斯坦布尔领事馆：212-2996385
伊斯坦布尔阿塔图尔克机场：0212-6636640
土耳其航空伊斯坦布尔办公室：0212-2250556
伊斯坦布尔旅游警察：0212-5274503
安卡拉旅游警察：312-3036353
伊斯坦布尔国际医院：0212-6633000
安卡拉巴由多尔医院：0312-2879000
私人救护车查询：0212-280 3388
租车公司zuzuche：400-6330997

GO!土耳其交通!

1 飞机

土耳其的空运比较发达，拥有许多国际国内航线，全世界的各个主要城市都有定期航班到达土耳其的安卡拉、伊斯坦布尔、伊兹密尔、安塔利亚、阿达那、特拉布宗、达拉曼等主要城市。中国游客想去土耳其旅游，可以从北京首都机场T3航站楼和上海浦东机场T2航站楼出发前往伊斯坦布尔阿塔图尔克国际机场。

2 火车

土耳其国铁号称是"东方快车"，与欧洲的各主要城市相通，而且价钱便宜，卧铺设备齐全，可以与欧洲豪华火车相媲美，游客如果不赶时间的话可以来体验一下土耳其火车的旅游乐趣。伊斯坦布尔和安卡拉是土耳其其两个最大的火车始发站，伊斯坦布尔的锡尔凯吉车站是前往欧洲的国际列车发车站，前往德国墨尼黑、奥地利维也纳及希腊雅典的伊斯坦布尔快车每天都会发车，是最热门的路线；前往亚洲的海德帕莎车站则是去往中部安纳托利亚各城市的发车站。

3 长途巴士

土耳其的公路网络非常发达，因此长途巴士成为了土耳其主要的交通运输方式，由于竞争激烈，巴士公司还会为游客提供免费的矿泉水、果汁和各种小零食。土耳其的长途巴士站大都设在城郊，并在各个主要景点设有迷你巴士免费接驳，车站还有邮局、租车柜台、旅行社、商店、咖啡馆、服务中心等，设施非常齐全方便。车票可在市内的巴士公司柜台购买，除了旺季，都可以当天购票。

4 出租车

土耳其的大城市都有很多出租车，车身都呈黄色，车费按照行驶距离显示在计程表上。

5 专线合租车

专线合租车是土耳其特有的一种交通工具，设有专用路线，以黄色的横条为标志，沿途有许多固定站点，游客根据行驶距离付车费。

6 水运

土耳其海运为游客提供了很多条适合观光的航线，这些客轮大多是从伊斯坦布尔的葛拉达桥（卡拉克一侧）、西鲁克兹、埃米诺努出发，还有些客轮是从博斯普鲁斯海峡出发。除此之外，还有从威尼斯、安卡拉、布林迪斯、巴日到土耳其沿海的伊斯坦布尔、伊兹密尔、切什米、库沙达瑟、马尔马日斯、安塔利亚等港口的汽车轮渡。

畅游土耳其 **推荐**

速报!10大人气好玩旅游热地

NO.1 圣索菲亚教堂

圣索菲亚教堂是拜占庭帝国鼎盛时期查士丁尼一世修建的一座教堂,是当时最大的建筑物,而且造型精美,被称为是拜占庭帝国建筑的最高杰作。到了奥斯曼帝国时期,教堂被改建成为了清真寺,中央巨大的圆顶成为了后来的伊斯兰清真寺设计模板。如今,这里已经成为了一座博物馆,将罗马建筑和东方艺术的韵味结合在了一起,深受世界各地游客的喜爱。

NO.2 蓝色清真寺

蓝色清真寺位于土耳其最大的城市伊斯坦布尔,是土耳其的国家清真寺,被伊斯兰教徒视为精神家园。蓝色清真寺的建筑结合了奥斯曼建筑和拜占庭建筑的精粹,是奥斯曼建筑古典时期的最后一座大型清真寺建筑。清真寺的墙壁上镶嵌着伊兹尼蓝瓷砖,在阳光的照射下反射出蓝色的光芒,美不胜收,让人流连忘返。

NO.3 伊斯坦布尔考古博物馆

伊斯坦布尔曾是拜占庭帝国和奥斯曼帝国的首都,非常繁华,因此拥有丰富的文物资源。如今,伊斯坦布尔的文物几乎都收藏在伊斯坦布尔考古博物馆中,包括大量的土耳其、希腊和罗马的文物,吸引了来自世界各地的众多游客前来参观游览。

NO.4 托普卡帕皇宫

托普卡帕皇宫位于金角湾要地，南有马尔马拉海，北有博斯普鲁斯海峡，地理位置优越，易守难攻，是奥斯曼帝国时期的苏丹皇宫。如今的托普卡帕皇宫中收藏和展示了来自世界各国的许多宝物和奥斯曼帝国时期留下来的王室服饰、用品、古董等，还有许多奥斯曼帝国最强盛时期发生在这里的或血腥、或香艳的传奇故事，等待着游客的到来。

NO.5 朵玛巴切皇宫

建于奥斯曼帝国没落时期的朵玛巴切皇宫是土耳其最大的宫殿建筑，也是奥斯曼帝国最后的荣耀体现。皇宫建筑融合了巴洛克、洛可可、新古典主义和奥斯曼帝国的建筑风格，从里到外都经过了精雕细琢，彰显了皇家的威严和奢华，因此成为了世界著名的皇家宫殿之一，是在土耳其旅游必到的景点之一。

畅游土耳其 推荐

NO.6 加拉达塔

位于金角湾以北的加拉达塔是一座中世纪石塔，也是伊斯坦布尔最引人注目的标志性建筑之一。加拉达塔历史悠久，曾被历代统治者赋予不同的功能，包括灯台、新移民监视塔、牢房、天文台等。如今的加拉达塔已经被商业化，游客白天可以在加拉达塔顶端俯瞰美丽的博斯普鲁斯海峡和伊斯坦布尔的城市风光，晚上还有非常精彩的充满民族特色的舞蹈表演。

NO.7 安纳托利亚文明史博物馆

安纳托利亚文明史博物馆是土耳其第二重要的博物馆，其重要性仅次于伊斯坦布尔考古博物馆，主要收藏从安纳托利亚半岛出土的各种历史文物，向游客讲述了安纳托利亚从旧石器时代到吕底亚时期的发展历程。

NO.8 阿尔忒弥斯神殿遗址

阿尔忒弥斯神殿位于风景迷人的爱琴海岸，是土耳其著名的古代建筑遗迹，被称为古代世界七大奇迹之一。神殿是一座长方形的白色大理石建筑，回廊上有137根大理石圆柱，显得庄严肃穆，石柱上还刻有许多精美的浮雕，形态逼真，栩栩如生。除此之外，从这里出土的阿尔忒弥斯神像是世界上最古老的阿尔忒弥斯雕像，具有非常高的艺术价值。

NO.9 安塔利亚考古博物馆

安塔利亚考古博物馆是一座记录和展示安塔利亚地区发展历程的博物馆，游客在这里可以看到佩尔格出土的宙斯雕像、头戴月桂冠的阿波罗神像以及在附近罗马浴池遗迹中出土的雅典娜雕像，这些古希腊神像做工精美，具有非常高的艺术价值。除此之外，博物馆中还有许多基督教的圣物，受到基督徒们的争相追捧。

NO.10 特洛伊遗址

特洛伊战争是人们耳熟能详的希腊神话故事，真正的特洛伊遗址位于达达尼尔海峡的南面，是由德国的业余考古学家谢里曼发现的。特洛伊遗址不仅使特洛伊战争的神话故事得到了实质性的依据，同时也对考古学家们了解欧洲文明的起源具有重要意义。在特洛伊遗址的门口有一匹巨大的木马，游客可以通过内部的楼梯爬到马背上，体验神话故事中希腊士兵们潜伏在木马内的感觉，因此非常受欢迎。

速报!10大无料主题迷人之选!

NO.1 苏丹艾哈迈德广场

苏丹艾哈迈德广场在拜占庭帝国时代曾是一个战车竞技场和赛马活动中心,经常举行各种赛马和竞技活动,以及人兽斗活动,最多可容纳十万人到现场观看。如今,这里已经变成了一个供市民和游客休闲放松的城市广场,周围花团锦簇,绿树成荫,环境非常优美,拥有喷泉亭、君士坦丁纪念柱、蛇柱、埃及方尖碑等历史古迹建筑,供游客欣赏。

NO.2 苏雷曼尼亚清真寺

由伊斯兰世界最伟大的建筑大师锡南设计建造的苏雷曼尼亚清真寺是伊斯坦布尔规模最大的建筑群,也是最典型的奥斯曼风格建筑,深受伊斯坦布尔人的喜爱。苏雷曼尼亚清真寺建于奥斯曼帝国的鼎盛时期,因此不惜人力和财力,建筑规模宏大,雄伟壮观,室内装饰也非常奢华,让人叹为观止。

NO.3 博斯普鲁斯海峡

博斯普鲁斯海峡是连接欧洲和亚洲的战略要地,也是世界上最窄的国际通航海峡,连接地中海和黑海。博斯普鲁斯海峡两岸经济繁荣,人口稠密。游客在这里可以乘船游览,欣赏岸边的美丽风光,也可以在连接欧亚大陆的博斯普鲁斯大桥上,站在两大洲的分界线上拍照留念,就像横跨了欧亚两大洲。

NO.4 克兹塔

　　位于博斯普鲁斯海峡靠近亚洲小岛上的克兹塔又叫少女塔，是伊斯坦布尔最具浪漫情调的地方。克兹塔塔身呈白色，是一座巴洛克式高塔，非常高贵优雅。传说有一位预言家预测苏丹的女儿会被大蛇缠死，苏丹为了保护自己钟爱的女儿就建造了这座克兹塔。

NO.5 安卡拉大城堡

　　安卡拉大城堡位于安卡拉的制高点，始建于公元前2世纪，主要用作军事防御。如今的安卡拉大城堡经过了多次战火的洗礼，只剩下了一片充满历史沧桑的废墟，让人唏嘘不已。城堡的道路复杂，分为内墙和外墙两部分，游客可以在城墙上俯瞰美丽的安卡拉城市美景，想象这里曾经的辉煌。

畅游土耳其 推荐

NO.6 凯末尔-阿塔图尔克陵园

　　位于安卡拉市郊的凯末尔-阿塔图尔克陵园是现代土耳其的国父凯末尔的陵墓所在地，建成于1950年，全部由大理石建造而成，非常宏伟壮观。凯末尔-阿塔图尔克陵园面积辽阔，景观优雅，不仅有陵墓，还有公园、广场和博物馆，是当地居民平时休闲放松的好地方。

NO.7 安塔利亚旧城区

安塔利亚旧城区环境优雅，安静祥和，街道两边有许多古典的建筑和美丽的风景，游客在这里可以感受到当地特有的历史厚重感，是个度假休闲的好地方。旧城区有许多著名的景点，包括钟塔、共和广场、意弗利叫拜塔、奥斯曼之屋、哈德良之门和罗马港湾等，吸引了来自世界各地的众多游客前来参观游览。

NO.9 库沙达瑟

库沙达瑟是一座古老的城市，著名的特洛伊战争就发生在这个地区，还有依山傍海的海湾等自然美景。如今的库沙达瑟已经成为了著名的旅游度假胜地，特别是美丽的爱琴海边，浪漫的情调、美丽的海滩，吸引了无数游客前来休闲度假，被人们称为人间天堂。

NO.8 滨海散步大道

科纳克广场北面的港口旁边有一条滨海散步大道，是伊兹密尔最著名、最悠闲浪漫的地方之一，街道两边种了许多绿色的棕榈树，还有许多售卖当地特色纪念品的商店。游客在这里可以坐在露天座椅上边喝咖啡、聊天，边欣赏美丽的海上风光，到了傍晚，还可以看到壮观美丽的海上落日。

NO.10 特洛伊木马

由著名影星布拉德·皮特主演的电影《特洛伊》是大家非常熟悉的一部影片，曾在恰纳卡莱港口边取景拍摄，片中拍摄特洛伊战争时所用的木马就停靠在港口边，成为了当地著名的旅游景点。这匹木马规模巨大，从港口外就可以看见，游客都争相在这里拍照留念。

美食！10大人气魅力平民餐馆！

1 餐馆 Tarihi Sultanahmet Koftecisi Selim Usta

Tarihi Sultanahmet Koftecisi Selim Usta是伊斯坦布尔首屈一指的烤肉店，建立于1920年，至今已有90多年的历史。这里的烤肉不仅味道鲜美、正宗地道，而且价格低廉，因此深受当地市民和游客的喜爱。除了烤肉，这家餐厅还有肉丸子、沙拉和各种土耳其传统饮料，味道都非常好。

2 餐馆 Daruzziyafe Turk Mutfagi

Daruzziyafe Turk Mutfagi原本是苏雷曼尼亚清真寺的附属建筑，用作专门向穷人施舍食物的公共食堂，后来被苏丹用作皇室宴会场所。如今，这里经过整修，变成了一家供应各种土耳其传统宫廷菜肴的餐厅。Daruzziyafe Turk Mutfagi装饰豪华，带有土耳其特色的菜肴味道鲜美，深受美食爱好者的欢迎和喜爱。

3 餐馆 小毛驴特色餐厅

餐厅的门口有一只小毛驴做装饰，因此被大家称为小毛驴特色餐厅。这家餐厅位于伊斯坦布尔的一个小巷中，店内装饰具有鲜明的当地特色，采用开放式厨房。游客可以看到厨房灶台上正在烤制的鸡肉和蔬菜，香味也会扑鼻而来，眨眼之间就可以吃到热气腾腾的土耳其料理，让人感到非常享受。

餐馆
4 Saray Muhallebicisi

　　Saray Muhallebicisi是土耳其的老字号甜品店，至今已有70多年的历史，深受当地市民和游客的喜爱。这里共有30多种甜品，其中最具特色的要数八宝米布丁和鸡丝牛奶布丁，材料丰富，而且甜而不腻，是非常有名的土耳其传统甜品。

餐馆
5 Zencefil

　　Zencefil是伊斯坦布尔著名的素食餐厅，在各种烤肉料理密布的伊斯坦布尔，吃一点清新脆嫩的新鲜蔬菜也是一个不错的选择，因此这家素食餐厅在当地非常受欢迎。除此之外，还有草本茶饮和低脂甜点供顾客选择，都非常健康养生。

餐馆
6 加拉达塔景观餐厅

　　位于加拉达塔顶部的加拉达塔景观餐厅是土耳其视野最好的一家餐厅，深受来自世界各地的游客的欢迎。游客在这里可以一边俯瞰整个城市的美景，一边悠闲地品尝一杯美味的咖啡，搭配上三明治或意大利面等小吃；也可以在午饭或晚饭时间点一整套正宗地道的土耳其大餐，绝对能让游客大饱口福。

餐馆
7 Ceneviz Meyhanesi

　　Ceneviz Meyhanesi是一家位于伊斯提克拉尔路齐杰奇顶棚通道内的餐厅，主要经营各种土耳其传统风味的海鲜料理，味道鲜美独特，食材新鲜，给每一个品尝过的游客都留下了深刻的印象。而且，店内的装饰和布置也都充满了土耳其传统风情，让人仿佛回到了许多年前。

餐馆
8 Zenger Pasa Konagi

　　Zenger Pasa Konagi是安卡拉有名的特色餐厅,最招牌的菜肴是大蒜酱烤肉和新鲜出炉的扁平面包,烤肉味道浓郁,鲜嫩多汁,面包则是口味独特,因此非常受欢迎。晚餐时还会有现场的吉他音乐伴奏,非常浪漫有情调。

餐馆
9 Vanilla Lounge

　　Vanilla Lounge是安塔利亚地区有名的美食餐厅,以轻松惬意的用餐环境、高品质的服务、味道正宗的土耳其料理和意大利菜肴而广受好评。这里最招牌的菜肴是土耳其烤肉、鸡肉披萨和南瓜汤,浓郁的味道给人们留下了深刻的印象,让人大饱口福。

畅游土耳其 推荐

餐馆
10 Yengec Restaurant

　　Yengec Restaurant是伊兹密尔中央公园附近的一家海鲜餐厅,内部装饰充满了现代感,并以优质的服务和美味精致的料理而闻名。这里的招牌菜有章鱼沙拉、炸鱿鱼、烤鲷鱼和海鲜饭等,还有酥糖和冰淇淋等甜点,都非常美味,给游客留下了深刻的印象。

热地!购物睇拼买平货10大潮流地!

1 热地 阿拉斯塔集市

　　阿拉斯塔集市是伊斯坦布尔三座大规模集市之一,位于蓝色清真寺附近,汇集了各种土耳其特色的手工艺品,还有各种金银珠宝、皮革制品、手工地毯,以及古董等各种土耳其特色商品,是购买旅游纪念品的好地方。

2 热地 有顶大集市

　　有顶大集市是中东地区最大的集市,大约有5000多个商铺密布在20多条街道内,这里卖的东西大多是土耳其的民俗工艺品,包括土耳其式的手提托盘、亮闪闪的银制器皿、古色古香的地毯,以及琳琅满目的小工艺品,因此吸引了许多游客前来购买各种土耳其特色纪念品。

3 香料集市 〔热地〕

与耶尼清真寺相连的香料集市又叫埃及集市，主要汇集了各种售卖家庭用品和食材的商铺，包括各种锅碗瓢盆、香料、土耳其奶酪、蜂蜜、面包、水果干果等，还有少量的服饰和饰品。其中售卖各种香料的店铺最多，游客在这里可以感受到浓郁的伊斯兰风情。

4 Kanyon 〔热地〕

Kanyon是伊斯坦布尔的一个城市综合体，由购物中心、写字楼和高级公寓组成，建筑造型独特。购物中心汇集了众多土耳其国内外的高端时尚品牌，包括Anne Klein、Birkenstock、Mandarina Duck等，而且交通便利，因此非常受游客和市民的欢迎。

5 伊斯提克拉尔路 〔热地〕

伊斯提克拉尔路是伊斯坦布尔新城区著名的商业街，号称是伊斯坦布尔的香榭丽舍大街，沿街建筑充满了异国情调。伊斯提克拉尔路汇集了伊斯坦布尔最时尚、流行的各种商品，深受世界各地的游客欢迎。土耳其著名的Vakko百货公司就在这里，商品种类非常丰富，因此总是客流涌动，非常热闹。

6 Istinye Park 〔热地〕

Istinye Park是伊斯坦布尔著名的现代化购物中心，汇集了Dior，Prada，Celine，Fendi，Hugo Boss，Burberry，Gucci，Miu Miu，Louis Vuitton等众多世界时尚潮流品牌，以及一些大众品牌，还有许多餐厅、咖啡厅等娱乐休闲场所，是游客在伊斯坦布尔首选的购物时尚中心。

畅游土耳其 推荐

7 Begendik Merkezi 热地

Begendik Merkezi 是安卡拉有名的购物中心，采用圆顶尖塔的建筑结构，并不像是一座购物中心。这里主要经营各种生活必需品，还有许多家餐厅，游客在这里既可以体验到当地人民的日常生活，也可以品尝到美味地道的土耳其料理。

8 Sipahi Okey 热地

Sipahi Okey 位于伊兹密尔，是一家专卖各种土耳其传统纪念品的商店。游客在这里可以买到许多具有土耳其特色的纪念品，包括可爱的西洋双陆棋、精美的珠子饰品，还有土耳其辣椒、香料等农副产品。

9 肯梅拉尔特市场大街 热地

肯梅拉尔特市场大街是伊兹密尔的一条商品种类丰富的购物街，不仅有珍贵迷人的古董、精美的珠宝饰物、高品位的时尚服装，还有伊兹密尔有名的特产——无花果和葡萄干，供来自世界各地的游客选购。

10 有顶集市 热地

位于布尔萨的有顶集市与伊斯坦布尔的有顶大集市有所不同，这里没有大集市那么强的观光性，游客在这里可以体验到更加真实的土耳其人的普通生活。这里主要售卖各种服装鞋帽、饰品百货，还有新鲜食材和各种香料等。

带回家！特色伴手好礼！

1 纪念品 土耳其地毯

土耳其的地毯都是选用质地优良的丝线和纯毛材料编织而成，图案华丽复古，带有浓郁的土耳其传统气息，因此深受游客们的喜爱。此外，土耳其还有一种布织的小地毯，做成书签或是书本的大小，是土耳其最普遍的旅游纪念品之一。

2 纪念品 恶魔眼

恶魔眼就是一种用玻璃做成的，形如眼睛的工艺品，在土耳其传统文化中具有驱凶避邪的作用，是非常具有当地特色的纪念品，而且造型多变，可以做成项链、手链、耳环、别针、钥匙圈等各种形状。

3 纪念品 海泡石烟斗

产自伊斯坦布尔附近的海泡石是一种极轻质、吸收性极佳的稀有白色硬质粘土矿石，非常适合制作烟斗。海泡石烟斗用久了，在烟油和手汗的作用下会变成金棕色，显得自然、深邃和高贵，因此非常受烟斗爱好者喜爱和追捧。

4 纪念品 丝巾

丝巾是虔诚的伊斯兰妇女将头发包起的日常用品，非常轻薄，上面还绣有非常精美的阿拉伯风格图案，旁边的流苏也非常漂亮，色彩艳丽，引人注目，许多游客都会买来作为纪念品。

畅游土耳其 推荐

5 纪念品 骆驼牙雕

骆驼的牙齿是非常坚硬的，聪明手巧的土耳其工匠却可以在骆驼牙上进行雕花着色，制作成各种各样的小盒小罐，深受女性游客的喜爱。

6 纪念品 红茶托盘及红茶杯组

一整套的红茶托盘和红茶杯组，不仅具有观赏价值，还有使用价值，而且带有浓郁的土耳其风情，是土耳其销量最好的旅游纪念品之一。

7 纪念品 香料

土耳其的传统菜肴中会用到各种各样的香料，各大集市上的香料店都会将各种色彩缤纷的香料一字排开，非常好看。还有专门为游客准备的小包装和礼盒，不仅可以用于烹调菜肴，还可以作为装饰。

8 装饰瓷盘及彩蛋
纪念品

游客在集市上能够看到各种各样的民俗风十足的彩绘瓷盘，其中蓝色和白色是最受欢迎的颜色，还有一种被称为伊兹尼红的颜色，是土耳其特有的颜色，因此非常受欢迎。除了瓷盘，还有精美的彩蛋也是抢手的纪念品。

9 苹果茶
纪念品

苹果茶是土耳其最具特色的一种茶，也是游客最喜爱的，清香甘甜，在集市或观光区中，随处可见一盒盒包装好的苹果茶茶包，游客可以任意挑选。

10 大披肩
纪念品

土耳其人在冬天的时候都喜欢围着大披肩来保暖，这种大披肩是采用安纳托利亚高原的羊毛为原料编织而成，质地柔软，保暖性好，披在身上不滑也不会皱在脖子处，而且价格实惠，是土耳其有名的旅游纪念品之一。

畅游土耳其 推荐

超IN！7天6夜计划书！

清晨：到达伊斯坦布尔，换乘土耳其国内航班飞往伊兹密尔

☀ DAY 1

以弗所古城遗址 + 塞尔丘克以弗所考古博物馆 + 科纳克广场 + 卡迪菲卡城堡 + 滨海散步大道

地处爱琴海沿岸的以弗所是土耳其最受欢迎的观光地，古城遗迹记载了从亚历山大大帝开始的古城历史，是地中海东部地区保存最完好的古城遗址。塞尔丘克以弗所考古博物馆以馆藏的精美文物展出而闻名，各种马赛克镶嵌画、塑像、湿壁画都是古老文化的重要见证，其中雕刻精美的古罗马文物更是令人叹为观止。科纳克广场是伊兹密尔观光之旅的起点，广场四周林立着现代建筑，是伊兹密尔的城市标志。卡迪菲卡城堡地处山丘之上，从公元前3世纪开始，历经罗马、拜占庭、奥斯曼等不同时期一直是这座古老城市的中心，游人可在城堡前一览伊兹密尔的城市风光。伊兹密尔最浪漫的滨海散步大道是游人的最爱，在海边漫步之余，还可欣赏落日美景。

☀ DAY 2

贝尔加马 + 恰纳卡莱考古博物馆 + 特洛伊遗址

在亚历山大大帝时期就已十分繁荣的贝尔加马现今早已成为一片废墟，城市内众多古老的神殿遗址令游人可以切实感受这里厚重的历史。恰纳卡莱考古博物馆以收藏各种特洛伊和阿索斯的文物为主，可通过各种精美的文物近距离感受特洛伊独特的文化与魅力。希腊神话中的特洛伊木马故事脍炙人口，而特洛伊遗址也记载着这座古老城邦的厚重历史，除了古老的城市遗址，特洛伊最吸引人的莫过于遗址入口的木马，游人可攀爬木梯进入木马体内，仿佛自己也成了传说中勇武的希腊战士。

☀ DAY 3

帕穆克卡莱 + 耶拉波利斯遗址

帕穆克卡莱又被称为"棉花堡"，是土耳其境内知名度最高的自然景观之一，尤其这里的温泉更是闻名于世，疗养淋浴的人络绎不绝。耶拉波利斯遗址曾经是古代融合了希腊、罗马、犹太和早期基督教文明的重要城市，现今依旧可以在城中遗址看到早期基督教徒的聚会场所。

DAY 4

安塔利亚旧城区 + 安塔利亚考古博物馆 + 佩尔格

　　安塔利亚旧城区没有现代城市的喧嚣与热闹，充满厚重历史的建筑和悠然生活的当地人构成了一幅恬静宜人的市井画面，是一个需要静下心来漫步其中的城区。安塔利亚考古博物馆展出了安塔利亚地区众多精美的出土文物，其中不乏古罗马时期的大理石像和雕刻精美的石棺等珍贵藏品。佩尔格是土耳其最著名的古罗马、古希腊遗迹，其中两座古希腊时期的城门圆塔更是早已成为当地著名的地标建筑。

DAY 5

安卡拉安纳托利亚文明史博物馆 + 凯末尔-阿塔图尔克陵园 + 哈图沙什遗址 + 葛勒梅与葛勒梅露天博物馆

　　安纳托利亚文明史博物馆收藏有安纳托利亚半岛发掘出的各种珍贵藏品，将土耳其的悠久历史通过各种精美的文物和图片展览呈现在游人面前。地处安卡拉西郊的凯末尔-阿塔图尔克陵园又名阿尼特卡比，是土耳其共和国的国父凯末尔·阿塔图尔克的长眠之地。哈图沙什遗迹是充满神秘色彩的西台帝国遗址，绵延7000余米的城墙和精美的城门无一不向游人展示其昔日的繁华。葛勒梅是卡帕多西亚地区最具代表性的村落，古老的洞穴和壁画都是当地的一大特色，地处葛勒梅的葛勒梅露天博物馆则以大小30余座洞穴教堂和保存完好的宗教壁画而闻名。

苏丹艾哈迈德广场 + 圣索菲亚教堂 + 蓝色清真寺 + 地下宫殿 + 伊斯坦布尔考古博物馆 + 托普卡帕皇宫

苏丹艾哈迈德广场在拜占庭帝国时期曾经是一座雄伟壮观的竞技场，奥斯曼帝国时期被改建为赛马场，现今则是伊斯坦布尔最著名的城市景观之一。圣索菲亚教堂的前身曾经是拜占庭皇帝查士丁尼一世修建的世界上最辉煌壮观的教堂，奥斯曼帝国占领君士坦丁堡后将其改建为清真寺，但直径31米的巨大圆顶并未被拆除，直到现在依旧是圣索菲亚教堂最醒目的标志。毗邻圣索菲亚教堂的蓝色清真寺被誉为伊斯兰世界最伟大的建筑精品，在阳光下熠熠生辉的幽蓝光芒更是令人叹为观止。地下宫殿的前身是查士丁尼大帝修建的大型蓄水池，宏伟壮观的气势令游人赞叹不已。伊斯坦布尔考古博物馆是土耳其最富盛名的博物馆，馆内收藏了不同时期的珍贵文物多达数百万件。奥斯曼帝国苏丹的寝宫托普卡帕皇宫象征着奥斯曼帝国时期土耳其的强盛，宏伟的建筑内随处可见奢华的装饰，记载了奥斯曼帝国最辉煌的一段历史。

DAY 7

博斯普鲁斯海峡 + 朵玛巴切皇宫 + 加拉达塔 + 加拉达梅芙雷维博物馆

将欧亚大陆一分为二的博斯普鲁斯海峡自古就是重要的战略要地，除了乘船外游人还可以在连通两块大陆的博斯普鲁斯大桥上欣赏壮观的海峡，或是亲身体验穿行在欧洲和亚洲之间的奇妙感觉。朵玛巴切皇宫毗邻博斯普鲁斯海峡，不仅见证了奥斯曼帝国最后的荣耀，同时还是土耳其国父凯末尔工作和生活的居所，现今宫殿中的所有时钟依旧停留在凯末尔去世的那一刻。建于公元6世纪的加拉达塔最初曾是金角湾的灯塔，之后历代统治者将其改建为监狱或天文台，现今呈现在游人面前的加拉达塔是14世纪重建的，游人可在观景台上一览伊斯坦布尔新城区的繁华风光。加拉达梅芙雷维博物馆曾经是伊斯兰苏菲教派的教徒们修行的地方，现今则是保存各种奥斯曼古典文学作品的博物馆，游人还可在馆内欣赏精彩纷呈的旋转舞表演。

NIGHT 7 　　起程踏上归途

畅游土耳其　推荐

TURKEY GUIDE

Turkey

畅游土耳其
①

伊斯坦布尔蓝色清真寺

伊斯坦布尔是土耳其最大的城市和海口,也是土耳其的文化、经济和金融中心。伊斯坦布尔历史悠久,文化积淀浓厚,在城内到处都能看到著名的古代遗迹,像圣索菲亚教堂、蓝色清真寺、罗马时代的赛马场、托普卡帕宫、大巴扎等。除此之外,伊斯坦布尔的自然风光也相当出色,站在博斯普鲁斯海峡边可以欣赏到壮美的落日景观,让人难以忘怀。

01 苏丹艾哈迈德广场
环境优美的中心广场

苏丹艾哈迈德广场位于伊斯坦布尔著名的地标建筑蓝色清真寺前,是一个曾留下许多传奇的长方形广场,原名"君士坦丁堡黑波德若姆"。在拜占庭帝国时代,人们都非常热衷于赛马和战车竞技,君士坦丁堡黑波德若姆在那个时候就是一个战车竞技场和赛马运动中心。"黑波德若姆(Hippodrome)"便来自古希腊语中的"hippos(河马)"和"dromos(比赛跑道)"两个词的组合。当时在这里经常举行各种赛马竞技,以及人兽斗活动,可容纳十万人到场观看。如今,这里变成了供市民和游客休憩娱乐的苏丹艾哈迈德广场,周围鲜花盛开、绿

TIPS
🏛 Sultanahmet Square 🚋 乘电车在Sultanahmetz站下 ⭐⭐⭐⭐⭐

树成荫、景色秀美、环境宜人,旁边木质结构的房子更为这里增添了几分古朴的味道,因此这里成为了伊斯坦布尔著名的景点。现在的广场上只剩下青铜制的蛇柱、埃及方尖碑,以及大竞技场的弯月形墙壁,能够让人们依稀回味出古竞技场的味道。

看点 01 喷泉亭
德国皇帝送给土耳其苏丹的礼物

苏丹艾哈迈德广场上的喷泉亭造型古朴典雅，白色的墙壁，绿色的屋顶，周围还有八根黑色的柱子支撑，虽然墙面上已经布满了斑驳的痕迹，但依然可以感受到喷泉亭过去的辉煌。喷泉亭是19世纪末期德国皇帝威廉二世送给当时苏丹的礼物，因此又名为德意志喷泉。喷泉亭采用新拜占庭式的建筑风格，拱形顶内部还画有精美的花纹，让人不得不感叹当时工匠们的精湛技巧。喷泉亭的正中间就是喷水口，虽然早已不能向外喷水了，却依然吸引了来自世界各地的游客前来参观。

看点 02 君士坦丁纪念柱
纪念伟大的君士坦丁大帝

君士坦丁纪念柱建于330年，是一个罗马纪念柱，由罗马帝国皇帝君士坦丁大帝下令修建，是为了纪念拜占庭改名为新罗马，成为罗马帝国的新首都而建的。纪念柱初建时高50米，共分为九段，顶部是君士坦丁雕像，底部是一个可以用来保存圣物的神龛。后来，纪念柱经过了战争、地震、火灾等造成严重的损毁，经过修复和重建，成为了如今人们所看到的高32米的纪念柱。尽管如此，纪念柱上的石头花纹仍然清晰可见，展现了当时工艺的精湛。

畅游土耳其 — 伊斯坦布尔蓝色清真寺

039

看点 03	**蛇柱**
	现存历史最悠久的希腊时代纪念碑

在苏丹艾哈迈德广场上的三座纪念碑中，位于中间的就是蛇柱，柱子的一半埋于地下，是现存历史最悠久的希腊时代纪念碑。蛇柱的柱身都是黑色的，上面刻有三条螺旋盘绕的大蛇，但是蛇的头部已经被损坏了，只能看到蛇身的一部分。蛇柱高8米，是罗马帝国的皇帝君士坦丁大帝从希腊的德尔斐阿波罗神殿移过来的，成为了君士坦丁大帝文治武功的一部分，原本是希腊为了庆祝5世纪时各个城邦联军战胜波斯大军而建造的。

看点 04	**埃及方尖碑**
	纪念伟大的君士坦丁大帝

埃及方尖碑是伊斯坦布尔历史最悠久的建筑物，最早可追溯到公元前1550年，是当时的埃及法老图特摩斯三世下令修建的，后来被拜占庭皇帝狄多西奥斯从尼罗河畔的卢克索神殿移到了君士坦丁堡。这座纪念碑经历了3700多年的风云变幻和风吹雨打，尽管如此，碑身上依然非常平滑，雕刻的古埃及文字也仍然非常清晰，充满了浓郁的历史气息，而且非常壮观，让人不由得肃然起敬。

02 圣索菲亚教堂

经典拜占庭式风格的宗教历史建筑

圣索菲亚教堂始建于拜占庭帝国的鼎盛时期，是现在土耳其伊斯坦布尔非常著名的宗教建筑之一，有近1500年的历史，被称为"世界上十大令人向往的教堂"之一，气势恢宏，是一幢"改变了建筑史"的拜占庭式建筑典范。教堂占地面积约5400平方米，主体呈长方形，中央大穹窿圆顶直径33米，顶部离地55米，充分展现了当时卓越的建筑艺术，成为了后来伊斯兰清真寺的设计模板。拜占庭帝国衰落后，这里就变成了一座清真寺。经过多次十字军战争和土耳其人的破坏，君士坦丁堡宏伟壮丽的建筑都被摧残殆尽，只有索菲亚教堂能免于劫难，成为了唯一一座完整保存下来的查士丁尼时代的建筑。如今，圣索菲亚教堂被称为阿亚索菲亚博物馆，既有罗马建筑的特色，又有东方艺术的韵味，成为了伊斯坦布尔最有名，也是最有代表性的历史建筑之一。

TIPS

Aya Sofya Meydani Sultanahmet　0212-5221750　25里拉　乘电车在Sultanahmet站下　★★★★★

畅游土耳其 — 伊斯坦布尔蓝色清真寺

041

看点 01 大圆顶
圣索菲亚教堂最具代表性的部分

圣索菲亚教堂以其巨大的圆顶而闻名于世,圆顶高55米,直径33米,是非常少见的大穹顶。而且,这里的圆顶历史悠久,至今已有上千年的历史。大圆顶的东西两端连接着两个小穹窿圆顶,每个小圆顶又连接更小的圆顶,中央穹窿圆顶基部环以40扇窗户,顶上还贴满了精美的马赛克壁画,每当阳光透窗射入大厅时,绘有壁画和图案的半圆形穹顶犹如在空中飘荡,造成一种虚幻飘渺的神秘境界,非常壮观。站在大圆顶的下面,会让人感觉到浓郁的宗教氛围从四面涌来,使心灵得到净化和升华。

看点 02 麦加朝拜圣龛
伊斯兰风格的圣龛

公元1453年,奥斯曼帝国苏丹穆罕默德二世攻下了君士坦丁堡,将君士坦丁堡改名为伊斯坦布尔,并且下令移走了圣索菲亚教堂内的祭坛、基督教圣像及遗物,还用漆涂掉了马赛克镶嵌画,代之以星月、古兰经读经台,以及朝向麦加方向的麦加朝拜圣龛。这使得圣索菲亚教堂在保持外观及建筑结构的情况下,变成了一座清真寺。在麦加朝拜圣龛两侧有一对非常精美的烛台,是奥斯曼帝国在征服匈牙利时抢夺来的,被认为是奥斯曼帝国开阔疆土的一个象征。

看点 03 | 苏丹特别座
苏丹进行朝拜的专属空间

在麦加朝拜圣龛旁边有一个小高台，采用金色的雕刻作为装饰，显得非常豪华，高台上就是苏丹特别座，是奥斯曼帝国统治时期，苏丹专用的祈祷空间。当时，苏丹几乎每天都会来这里进行虔诚的祈祷。苏丹特别座的视野很好，可以将整个圣索菲亚教堂内部尽收眼底。但是，由于这里的历史非常悠久，为了能够更好地保护苏丹特别座，如今这里已经禁止游客进入，游客只能从外面进行欣赏。

看点 04 | 明巴讲道坛
宗教领袖讲法的地方

明巴讲道坛位于麦加朝拜圣龛的右手边，是圣索菲亚教堂内最重要的部分之一。讲道坛的底座是由大理石砌成的，非常高贵优雅，是16世纪时伊斯兰教的领袖伊玛进行传经讲道的地方。这座讲道坛是由16世纪奥斯曼帝国苏丹穆拉特三世下令修建的，采用典型的奥斯曼风格，吸引了许多游客前来参观游览。

看点 05 阿拉伯字圆盘
世界上最大的阿拉伯文字

在圣索菲亚教堂大圆顶周围的墙壁上，悬挂着6个巨大的圆盘，每个圆盘的直径约为10米，上面还书写着阿拉伯文字。据说，圆盘是伊斯兰教主穆罕默德和他的几个大弟子的象征，主要的意思是说"万物非主，唯有真主"。圆盘上的阿拉伯文字全都是由19世纪著名的伊斯兰大书法家所写，是现存世界上最大的阿拉伯文字。

看点 06 马赫穆特一世图书馆
拥有珍贵文件的图书馆

在圣索菲亚教堂一楼的右侧有一个马赫穆特一世图书馆，建于奥斯曼帝国后期，是由当时的苏丹马赫穆特一世下令建造的。图书馆里的铁门上都雕有精致的花纹，显得非常高贵典雅。当初馆内收藏有许多奥斯曼时期的珍贵手稿和书籍，总计超过5000部，不过现在这些书籍和手稿并没有保存在马赫穆特一世图书馆中，而是存放在托普卡帕皇宫中。虽然图书馆没有书籍，但游客依然可以感受到这里浓郁的历史文化氛围。

看点 07 皇帝门
圣索菲亚教堂主建筑入口

圣索菲亚教堂中最大的门就是通往教堂主建筑的入口——皇帝门，最初的时候只有拜占庭皇帝和他的随从才能从这里通过。在皇帝门上方有一幅金色的马赛克壁画，做工精美，堪称是圣索菲亚教堂中最好的马赛克壁画之一。画的正中央是左手拿着福音书、右手示福的耶稣基督正端坐着接受拜占庭皇帝的跪拜，两边还有圣母和大天使，精致的画面吸引了许多游客驻足观看。

看点 08	泪柱
	传说可以满足人们愿望的石柱

　　走进皇帝门就能够看到位于左手边的泪柱，它在世界上享有盛誉。由于柱子下面连着蓄水池，柱子上经常会有水汽集成水珠，像眼泪一样，因此起名为泪柱。传说查士丁尼大帝曾经因为头疼而饱受折磨，请了许多医生都不见效，后来有一天他无意中倚靠在了泪柱上，头疼就不药而愈了。从此以后，泪柱名声大振，拜占庭人都争相前来抚摸，希望治好自己的各种疑难杂症。如今仍然能够看到柱子上有一个凹洞，就是当时人们磨出来的。虽然现在的圣索菲亚教堂已经不是朝圣地了，但泪柱可以治病的说法依然流传，经常能够看到许多游客排队触摸泪柱。

看点 09	净洁亭
	用来清洁手足的地方

　　伊斯兰教有一个传统，就是穆斯林们在清真寺参拜时都必须洗手洗脚，因此18世纪时，在已经改为清真寺的圣索菲亚教堂出口处，修建了一个亭子供穆斯林们清洁身体，命名为净洁亭。如今的净洁亭中依然会有水流出，每一个游客都可以在这里洗洗手，体验当年穆斯林在这里参拜时的感觉。

畅游土耳其 — 伊斯坦布尔蓝色清真寺

看点 10 贝尔加马大理石巨壶
巨大的大理石壶

在圣索菲亚教堂回廊的平台上，摆放着很多具有典型奥斯曼风格的巨大石壶，这些石壶全部是用从公元前3世纪的贝尔加马遗址开采来的大理石打造而成，主要用于储水。这些石壶的壶口和壶盖上都装饰有精美的浮雕，显得高贵优雅，壶身上的大理石纹路也非常细腻，这些石壶就像一个个艺术品一样，做工精致，让人不由得驻足欣赏。

看点 11 宣礼塔
传说可以满足人们愿望的石柱

位于圣索菲亚教堂四个角落的四根高高的宣礼塔就像四根蜡烛，与中间的教堂相互辉映。同时，这四根宣礼塔被认为是圣索菲亚教堂曾经被改造为清真寺的证据之一。每一根宣礼塔的风格都不一样，有的高，有的矮，有的胖，有的瘦，而且颜色也各不相同，成为了圣索菲亚教堂不可错过的景点之一。

看点 12 黄金镶嵌画
圣索菲亚教堂中最华美的黄金镶嵌画

《基督与佐伊女皇帝夫妇》是圣索菲亚教堂中最精美华丽的黄金镶嵌画，拼贴画作的马赛克全部是用黄金打造而成。画中描绘了拜占庭帝国拥有最高权力的女皇佐伊接受耶稣基督赐福的场景。由于女皇一生结过3次婚，所以据说这幅马赛克的丈夫也换过3次脸，甚至基督的脸也换过1次。这幅画象征着皇帝拥有无上的权力和财富，这些权力和财富都是由上天赐予的，非常神圣。

03 蓝色清真寺
奥斯曼帝国时期建筑和艺术的辉煌杰作

畅游土耳其 — 伊斯坦布尔蓝色清真寺

清真寺是伊斯兰教特有的礼拜场所,被认为是伊斯兰教信徒的精神家园。坐落在土耳其第一大城市伊斯坦布尔的蓝色清真寺是土耳其的国家清真寺,建于苏丹艾哈迈德一世统治时的1609年至1616年。清真寺的整体设计结合了奥斯曼建筑及拜占庭教堂两个世纪以来发展而得的精粹,被视为奥斯曼建筑古典时期的最后一个大型清真寺建筑,也是奥斯曼帝国时代建筑和艺术的辉煌杰作。清真寺内墙壁全部用蓝、白两色的瓷砖装饰,在阳光的照射下绽放出奇幻迷离的色彩,呈现出神秘的蓝色,因而称为蓝色清真寺。蓝色清真寺是伊斯坦布尔最大的圆顶建筑,三十多座圆顶层层升高,向直径达四十一米的中央圆顶聚拢,庞大而优雅。同时,蓝色清真寺也是全世界唯一拥有六座宣礼塔的清真寺。夜晚在灯光的照映下,整个清真寺显得旖旎万分,非常美丽。

TIPS
 Hippodrome Sultanahmet ☎ 0212-5181319 🚌 乘电车在Sultanahmet站下 ★★★★★

看点 01 光线
宛如梦幻的光线设计

蓝色清真寺内部设计精致华美，共有260多个大大小小的窗户，设计也都非常精美。这些窗户密密麻麻地分布在大圆顶以及周围的墙壁上，因此使得清真寺内的采光条件非常好，整个寺内非常明亮。阳光透过小窗照进清真寺内，在寺内相互交织，反射在墙壁上的瓷砖上，绽放出奇幻迷离的色彩，再加上周围漂亮装饰的搭配，使得清真寺内充满了空灵的宗教氛围，让人感觉仿佛走进一个梦幻的空间，美不胜收，让人流连忘返。

看点 02 地毯
多彩多姿的地毯

蓝色清真寺内的地毯全部是从伊索匹亚朝贡来的，花纹漂亮，配色完美，做工精致细腻，是寺内的一大看点。这些地毯都是由真丝编织而成，质地非常顺滑，让人忍不住想用手去摸一摸。寺内的地毯整体呈伊斯兰教所推崇的绿色，美不胜收，非常受游客和信徒的喜爱。

看点 03 伊兹尼蓝瓷砖
建造苏丹艾哈迈德清真寺的主要材料

蓝色清真寺原名苏丹艾哈迈德清真寺，由于墙面铺满了伊兹尼的蓝色瓷砖，散发出幽幽的蓝光，在阳光的照射下，更是散发出迷人的光彩，因此又被人们称为"蓝色清真寺"。整个清真寺有三分之二的地方都贴满了伊兹尼的蓝色瓷砖，总计有20000多片，有些地方还用了其他颜色的伊兹尼瓷砖，形成了蓝绿色的郁金香花等许多精美的图案，非常引人注目，让人不得不驻足观看。

04 地下宫殿
充满想象力和创造力的艺术殿堂 赏

在古代战争时期，要想封锁一个城市，经常通过切断这个城市水源的方式，因此很多城市都会在地下修建水宫用于储水，以防万一。伊斯坦布尔的地下宫殿就是其中最大最壮观的一个，可储水100000吨。地下宫殿是由拜占庭帝国时期查士丁尼一世修建的，20世纪60年代才被发现。地下宫殿长138米，宽64.6米，面积约9800平方米，顶部是巨大的砖制拱顶，由336根高9米的大理石圆柱支撑着，这336根大理石圆柱像高大的树木一样矗立在宽阔的殿堂中。沿着地下宫殿的入口台阶而下，可以听到水珠滴落

TIPS
📍 Yerebatan Caddesi 13,Sultanahmet ☎ 0212-5221259 💰 10里拉 🚋 乘电车在Sultanahmet站下 ★★★★

在水面的声音，透过暖红色幽暗的灯光和氤氲的水汽望过去，就能看到最神秘的泪柱，一根根白色的石柱表面都刻画着精美的图案。地下宫殿不仅是一个古代时期的储水池，也是一座充满了想象力和创造力的艺术殿堂，是非常珍贵的文化遗产。

✱ 石柱阵列
宛如竹林一般的石柱

地下宫殿内最有特色的景观就是支撑巨大拱顶的大理石柱群，这些石柱分为12行28列，共336根，而且每根石柱之间都有半圆形的石拱进行连接，非常壮观。正是这些石柱的存在，才使这座地下宫殿保存了数百年，至今仍完好无损。这些石柱大都采用爱奥尼亚式和科林斯式风格，少数采用多利安式风格，而且材质也不尽相同，有的是大理石，有的是花岗岩，就像一棵棵高大的树木一样，非常整齐。

05 加洛鲁浴场
充满艺术气息的巴洛克风格浴场

  洗浴对土耳其人来说是非常重要的一件事，在星期五上清真寺祈祷前、男人入伍前、结婚前，都要将身体清洗干净，而且利用大理石传热更能够让人缓解疲劳。由于土耳其人上到苏丹，下到平民百姓，人人都爱洗浴，因此土耳其的浴场非常多。加洛鲁浴场就是伊斯坦布尔著名的巴洛克风格浴场，装饰精美，富丽堂皇，到处都能看到充满艺术气息的装饰，让洗浴变成了一种享受。加洛鲁浴场建于18世纪中期，最初是为了圣索菲亚教堂筹集整修经费而建造的，浴场内设有宽敞的接待区，顾客洗完浴后可以在这里休息喝茶，经常让人乐而忘归。

TIPS
 Yerebatan Caddesi 34,Sultanahmet　 0212-5222424　 15欧元　 乘电车在Sultanahmet站下　★★★★

06 土耳其及伊斯兰美术馆
收藏奥斯曼皇室和伊斯兰教珍贵艺术品的博物馆

  土耳其及伊斯兰美术馆是土耳其第一家涵盖土耳其和伊斯兰艺术作品的博物馆，位于苏丹艾哈迈德广场旁边，成立于20世纪初期。美术馆所在的建筑原是奥斯曼高官伊布拉因姆的私人住宅，始建于16世纪。虽然美术馆建筑利用的是古老旧宅，但空间规划非常具有现代风格，特别是对展品光线的安排非常独特。美术馆内的一些展品过去曾收藏在托普卡帕宫内的伊莲娜教堂，主要是奥斯曼皇室的各种古董。馆内伊斯兰教的艺术品主要包括绘画、木雕、宗教器皿、《古兰经》抄本、地毯等，其中对地毯的编织、纹路历史的说明非常详细。除此之外，美术馆内还有对安纳托利亚高原游牧民族生活景象的重现，也很有意思，受到了游客们的欢迎。

TIPS
 At Meyadni44-46,Sultanahmet　 0212-5181805　 10里拉　 乘电车在Sultanahmet站下　 9:00-17:00，5月到9月美术馆闭馆时间延长到19:00，周一闭馆　★★★★

07 Tarihi Sultanahmet Koftecisi Selim Usta

伊斯坦布尔著名的老字号美味烤肉店

Tarihi Sultanahmet Koftecisi Selim Usta是伊斯坦布尔著名的烤肉店，建于20世纪20年代，至今已有近百年的历史。虽然这里的店面不大，装饰也都非常朴实，却名声远扬，就是因为这里的烤肉味道美味正宗，因而深受人们喜爱。除了烤肉，这里的肉丸子也非常美味，在这里点一份烤肉或肉丸子，再搭配上沙拉和特制的酸奶，绝对是一种享受。因此，热爱美食的游客绝对不能错过这里。

TIPS
📍Divanyolu Cad.No.12/10,Sultanahmet　☎0212-5136468　🚋乘电车在Sultanahmet站下　★★★★

---

08 Cemberlitas土耳其浴场

伊斯坦布尔最著名最古老的浴场

　　Cemberlitas土耳其浴场是伊斯坦布尔最著名，也最古老的浴场，有土耳其浴最正宗的"烤、洗、刷、蒸、睡"5道过程，而且考虑周到，从更衣室到浴室，温度是渐变的，以便让客人适应。由于土耳其是伊斯兰国家，教徒做礼拜前要进行净身，"小净"只洗脚、洗面，"大净"要先到浴场彻底洁身，是宗教仪式的一部分，因此过去的土耳其浴场都是和清真寺建在一起的。在土耳其，浴场的意义不仅仅是清洁皮肤，土耳其浴已经深入到人们的生活。单是浴场的建筑，就被视为奥斯曼帝国最精美的文化遗产，香港电影《特务迷城》就曾在这里取景拍摄。Cemberlitas土耳其浴场建于1584年，阳光透过屋顶的小窗口照射进来，穿过水蒸汽落在大理石台面上，非常有艺术感。在这里洗完澡后，还有专业的按摩师为顾客按摩放松，非常舒服。

TIPS
📍Vezirhan Caddesi 8,Cemberlitas　☎0212-5227974
💰30里拉　🚋乘电车在Cemberlitas站下　★★★★

09 镶嵌画博物馆 赏
珍贵古老的马赛克镶嵌画

在20世纪50年代，来自安卡拉大学和苏格兰圣安德鲁斯大学的考古学家们在蓝色清真寺的后面发现了拜占庭帝国早期的镶嵌画作品，这些作品历史悠久，大多已经超过千年的时间。这些作品的内容包括打猎、神话故事、帝王肖像等，都非常精美，如今保存在镶嵌画博物馆中，供游客参观。所谓镶嵌画，就是现在人们所说的马赛克，因此博物馆又被称为马赛克博物馆。馆中所展出的镶嵌画作品向游客展示了拜占庭时期人们的日常生活和宗教礼仪，对研究古代的民俗文化具有非常重要的意义。这些画作虽然已经过去了上千年，但是它们的精美程度仍然让人感到震惊，并让人对古代人类的智慧充满了敬佩。

10 阿拉斯塔集市 逛
历史悠久的大规模露天集市

阿拉斯塔集市位于蓝色清真寺附近，是伊斯坦布尔的一个大规模露天集市，拥有悠久的历史，最早是为了给蓝色清真寺筹集建设资金而创立的。早期的阿拉斯塔集市汇集了众多具有土耳其特色的手工艺品，主要是土耳其传统的手工地毯，做工精美，深受大家喜爱。不幸的是，1912年的一场大火几乎将整个集市都烧毁了，之后阿拉斯塔集市就停止营业了，直到1980年才经过重新整修开业。如今，阿拉斯塔集市主要出售一些具有当地特色的饰品、珠宝、皮革制品、手工艺品等，是到伊斯坦布尔的游客购买纪念品的好地方。

TIPS
📍 Torun Sokak, Sultanahmet ☎ 0212-5181205 💰 8里拉
🚋 乘电车在Sultanahmet站下 ★★★★

TIPS
📍 Arasta Çarşısı，Sultanahmet 🚋 乘电车在Sultanahmet站下 ★★★★

11 伊斯坦布尔考古博物馆
土耳其最大的考古博物馆

伊斯坦布尔考古博物馆是一个历史悠久的博物馆，由著名的考古学家Osman Hamdi建立于19世纪，至今已有100多年的历史。博物馆主要分为三部分，分别是主馆考古博物馆、古代东方博物馆和瓷砖博物馆。主馆考古博物馆又分为新旧两馆，新馆主要用于展示和收藏伊斯坦布尔、安纳托利亚以及临近地区出土的文物。由于伊斯坦布尔曾是拜占庭帝国和奥斯曼帝国的首都，历经上千年的繁华，因此拥有丰富的文物资源，馆内藏品丰富，数量繁多，展出的文物超过60000件，馆藏文物多达百万件，包括大量的土耳其、希腊和罗马文物，其中最突出的就是华丽的亚特兰大石棺，吸引了众多游客前来参观游览。

TIPS
📍 Osman Hamdi Bey,Yokusu,Gulhane ☎ 0212-5207740 💰 10里拉 ★★★★★

看点01 锡顿皇家古墓场与石棺
考古博物馆历史最悠久的部分

在伊斯坦布尔考古博物馆中历史最悠久的展品和藏品，要数锡顿皇家古墓场以及从中挖掘出来的石棺等文物。这些石棺做工精美，设计独特，具有非常珍贵的历史意义。一座名为"哀伤女子"的石棺是馆内著名的石棺之一，上面刻有18个神情哀伤的女子形象，而且每个女子的造型各不相同，身边还有一根爱奥尼亚式石柱，就像一座古希腊神殿一样，非常壮观。除此之外，还有著名的亚历山大石棺，石棺外雕刻有壮观气派的希腊与波斯战争和猎狮的场面，雕刻技巧精湛，作品生动活泼，让人不由得驻足观看。

看点 02　希腊及罗马时期雕塑
古希腊及古罗马时代的雕像

伊斯坦布尔考古博物馆中收藏有很多从希腊等地运来的古罗马时期雕塑，其中包括希腊神话中众神的雕像，如波塞冬像、提基女神像等，工艺精湛，惟妙惟肖，非常引人注目。在众多雕塑中，阿波罗神像格外突出，与平常人们所见的阿波罗形象不同，这座雕像的腰线非常柔软，而且突出了臀线，充满了阴柔之美，只看外形，很容易被误认为是音乐之神缪斯。

看点 03　瓷砖博物馆
精美的伊兹尼瓷器

瓷砖博物馆始建于15世纪，原本是苏丹穆罕默德二世下令修建的皇宫别馆，后来改为了收藏各种各样伊兹尼瓷砖的瓷砖博物馆。博物馆的建筑造型精美，是伊斯坦布尔少见的奥斯曼帝国时期的非宗教性建筑。馆内收藏的蓝光闪闪的瓷砖在土耳其的建筑历史上具有重要意义，是建造蓝色清真寺的主要材料。除了各种各样的伊兹尼瓷砖，博物馆内还收藏有从土耳其其他地方出土的陶器等文物，非常珍贵。

看点 04　古代东方博物馆
美索不达米亚的考古收藏

伊斯坦布尔考古博物馆内的古代东方博物馆收藏和展示有许多美索不达米亚的考古文物以及安纳托利亚高原的出土文物，包括苏美尔人的头像、巴比伦人的瓦器、亚述人的浮雕等。这些两河（底格里斯河和幼发拉底河）流域和小亚细亚地区各民族史前时期的文物为博物馆吸引了来自世界各地的考古爱好者前来参观游览。其中最珍贵的是《卡迭石合约》，这是历史上最早的和平条约，对研究当时的历史具有非常重要的意义。

12 托普卡帕皇宫 赏
奥斯曼帝国时期的皇宫

托普卡帕皇宫位于伊斯坦布尔东部，南面有马尔马拉海，北面有博斯普鲁斯海峡，是15世纪到19世纪初期苏丹的皇宫。宫中珍藏有来自世界各国的各种宝物，其中包括我国明朝时期的数万件瓷器，还有奥斯曼帝国时代留下的许多王室服饰、用品、古董等，最著名的要数重达86克拉的钻石、重达3公斤的翡翠以及托普卡帕短剑。在奥斯曼帝国最强盛的时期，这里曾发生过无数或香艳、或血腥的传奇事件，引人好奇。托普卡帕皇宫坐落于金角湾要地，整座皇宫都有海墙及城墙围起来，在这里不仅可以远眺博斯普斯海峡和马尔马拉海的美丽风光，而且易守难攻，最多时曾住了6000多人，是一座巨大的城中之城。

看点 01 帝国之门
托普卡帕宫最外围的城墙

帝国之门是托普卡帕皇宫最外围的城门，建于15世纪，是当时奥斯曼帝国的高官们进出皇宫的必经之地，门前还有一条直通圣索菲亚教堂的大道。巨大的帝国之门造型宏伟，非常有气势，让人看了肃然起敬。虽然门上没有过多的装饰，但简洁流畅的线条和精美的石柱更加凸显了帝国之门的壮观和气派的风貌。走进帝国之门就是托普卡帕皇宫的第一庭院，也是土耳其皇宫禁卫军的操练场地，因此又被称为禁卫军庭院。庭院里的环境非常优美，四周都被绿树环绕，一点也不像军队的操练场。

TIPS
- Sogukcesme Sokak, Sultanahmet
- 0212-5120480
- 25里拉
- 乘电车在Sultanahmet站下
- ★★★★★

看点 02 伊莲娜教堂
伊斯坦布尔最古老的基督教堂

穿过帝国之门来到托普卡帕皇宫的第一庭院,游客可以看到在200米长的林荫大道旁有一座古老的教堂,就是伊莲娜教堂。伊莲娜教堂始建于拜占庭帝国时期,是目前伊斯坦布尔最古老的基督教堂,难得的是,在土耳其占领伊斯坦布尔之后,这里没有被苏丹改建为清真寺,而是将这里作为存放古董的库房,并保留了教堂的原貌。伊莲娜教堂建筑的外观采用传统的拜占庭建筑风格,外墙为红色,还分布有许多大大小小的窗口,因此,圆柱形的大堂非常宽敞明亮,而且充满了严肃的宗教氛围。如今的伊莲娜教堂在夏季经常会举办音乐会,是当地市民休闲娱乐的好地方。

看点 03 艾哈迈德三世水池
巴洛克风格水池

奥斯曼帝国占领伊斯坦布尔后，将过去拜占庭帝国建立的水利系统进行了进一步的扩大和完善，在全城多个角落都修建了蓄水池。在帝国之门外有一个蓄水池，屋顶上有五个巨大的圆顶，非常壮观。这个水池就是著名的艾哈迈德三世水池，建于18世纪，以苏丹艾哈迈德三世的名字来命名，由于当时土耳其的建筑风格受西方建筑影响逐渐扩大，因此水池采用典型的巴洛克风格。

看点 04 崇敬之门
托普卡帕皇宫最漂亮的城门

崇敬之门是托普卡帕皇宫中第一庭院和第二庭院中间的大门，由于在奥斯曼帝国时期，高官们来到这里，为了表示对苏丹的崇高敬意，都要下马脱帽，对大门行礼，因此这座大门就被称为崇敬之门。崇敬之门是托普卡帕皇宫三座城门中最漂亮的一座城门，两边是两个八角形圆锥顶的高塔，气势雄伟，就像童话故事中的城堡一样，大门的上方还刻有金色的伊斯兰教教义《古兰经》，以及号称"胜利的征服者"苏丹穆罕默德二世的印玺。走进崇敬之门就走进了苏丹的生活圈——被称为第二庭院的议事广场，环境也非常优美。

畅游土耳其 · 伊斯坦布尔蓝色清真寺

看点 05 议政厅&议政塔
苏丹的听证场所

托普卡帕皇宫的议政厅位于第二庭院的左侧，建筑造型并不宏伟大气，面积也不大，但是却暗藏玄机。建筑内部的陈设非常简单，墙壁上有一扇格子窗，这是为了方便苏丹听政用的，过去苏丹不亲临会议现场的时候都会躲在这扇窗子后面听官员们议政。在议政厅后面还有一座高塔，就是议政塔，造型非常精美，在塔顶可以俯瞰整个托普卡帕皇宫的美丽风光，因此吸引了许多游客前来游览参观。

看点 06 御膳房及陶瓷器皿展示室
来自中国的精美瓷器

穿过崇敬之门，游客就可以看到托普卡帕皇宫狭长的御膳房，这也是御膳房的一个重要特色。托普卡帕皇宫的宫廷御膳房是仿照埃迪尔内苏丹皇宫建造的，并在苏莱曼时代进行了扩建，不幸的是，16世纪曾发生过火灾，因此又进行了修复和重建。如今的御膳房成为了陶瓷器皿展示室，展示一些贡品及厨具收藏品，以及一些蓝白色、白色及青色瓷器。这些瓷器大都来自中国、日本及土耳其，都是非常罕见和珍贵的，可以说这里是收藏了最多十四世纪龙泉青瓷的博物馆之一。

看点 07 后宫
皇宫中的城中之城

托普卡帕皇宫的后宫是一个与外部隔绝的地方，可容纳600人同时居住，拥有两座清真寺，300多个房间，9个浴场，3个游泳池，还有宴会厅、医馆、监狱等。为了军事防守，这里几乎所有建筑的出入口都非常窄小，可以被称为是一座城中之城。后宫是苏丹及妻妾们住的地方，每一个房间都非常奢华，充分体现了房间主人的统治地位。

畅游土耳其 | 伊斯坦布尔蓝色清真寺

看点 08　皇帝厅
后宫中最精美的厅堂

皇帝厅是由著名建筑大师锡南设计建造的，采用了大量色泽明亮饱满的瓷砖作为主要材料，还装饰有闪闪发光的黄金雕塑，可以说是金碧辉煌，使整个大厅显得高贵典雅。在皇帝厅的穆拉特三世起居室中，还搭配有完美的伊兹尼蓝瓷砖，让人叹为观止。厅内还摆放有许多珍贵的艺术品，包括英国女王维多利亚赠送的立钟，从中国购买的陶瓷花瓶等，都非常精美，特别是中央屋顶悬挂的水晶大吊灯，华丽无比，可以说皇帝厅是后宫中最精美、最漂亮的厅堂。

看点 09　幸福之门
第二庭院和第三庭院的分隔点

幸福之门是托普卡帕皇宫中连接第二庭院和第三庭院的大门，建于18世纪，也是皇宫三座城门中最后的一座城门。城门装饰非常精美，充满了柔美的感觉，在这座城门内是苏丹的私人空间，设有皇宫侍卫长和白人宦官的住所，可见这里的守卫多么森严。幸福之门由于受到西方建筑风格的影响而带有浓郁的洛可可式风格，因此吸引了许多游客前来游览欣赏。

看点 10 谒见厅
苏丹接见使臣的地方

与幸福之门连在一起的谒见厅是过去苏丹接见各国使节、官员和民众的地方，建于16世纪，样式非常简洁朴素。根据那些留存的画卷可以知道，在过去，苏丹经常坐在幸福之门的前面，接受各位官员列队向其致敬，远处还有乐队进行演奏。苏丹所坐的宝座非常华丽，镶嵌着15000多颗珍珠，充分显示了他的崇高地位。在谒见厅外面还有一个洗手房，据说当时苏丹接见重要官员的时候，为了防止有人偷听，都会将水龙头打开，通过水声来掩饰谈话声。

畅游土耳其 —— 伊斯坦布尔蓝色清真寺

看点 11　艾哈迈德三世图书馆
各种珍贵的手稿文件

艾哈迈德三世图书馆位于谒见厅的正后方，是第三庭院的中心，主要用于收藏各种皇家图书，如今已有3500多件珍贵的手稿。图书馆建于18世纪，全部采用大理石建造而成，为了防潮，还将地基进行了加高，顶部呈圆形，从远处看就像一座清真寺。在图书馆外面有一个水池，装饰非常精美，被认为是艾哈迈德三世图书馆的标志之一。不过，遗憾的是，如今艾哈迈德三世图书馆不对外开放，因此游客无缘见到那些珍贵的皇家手稿。

看点 12　宝物收藏室
见识苏丹的宝藏

宝物收藏室就是苏丹收藏各种精美的艺术品和宝藏的地方，装饰得金碧辉煌，随处可见光彩照人的宝石和黄金，收藏的宝藏更是让人眼花缭乱，可见过去奥斯曼帝国有多么富有和强大。收藏室中最珍贵的藏品要数"汤匙小贩钻石"，这颗钻石重86克拉，周围还镶有49颗小钻石，非常引人注目，而且摆放钻石的底座都是纯金打造的，非常奢华。除此之外，收藏室中还有一个珍贵的藏品，就是"托普卡帕匕首"，体现了奥斯曼帝国时期金匠的高超手艺。

看点 13　服饰展示室
苏丹的华服

服饰展示室原本是远征军的宿舍，如今成为了苏丹家族各种美丽服饰的展览馆。这里主要收藏和展示了苏丹和他的后宫妃子们所穿的外袍，各种材质都有，以红色为主，而且每件服饰都做工精美，还搭配有很多精致的装饰，显得非常富贵。通过这些服饰的尺寸可以推断出衣服主人的身材，这对历史研究具有重要意义。

看点 14 伊斯兰教圣物室
收藏着各种伊斯兰教的圣物

伊斯兰教圣物室位于第三庭院中，是托普卡帕皇宫中的重要场所，整个建筑全部采用伊兹尼蓝瓷砖作为装饰，显得高贵典雅，让人肃然起敬。圣物室中的收藏品都是奥斯曼苏丹谢里姆一世在16世纪时征战巴格达、开罗、麦加等地的战利品，主要是各种伊斯兰教的珍贵物品，包括先知穆罕默德曾使用过的斗篷、长剑、信件、毛发以及脚印模型等遗物，都是伊斯兰教重要的宝物，具有非常高的价值。

看点 15 细密画展示室
精美的奥斯曼细密画

细密画最早是从印度的莫卧儿王朝和波斯国家传到奥斯曼帝国的，后来在奥斯曼帝国被发扬光大，出现了许多细密画大师。在托普卡帕皇宫中收藏有13000多幅精美的细密画，这些细密画大都收藏在细密画展示室中，具有浓郁的奥斯曼风格。由于细密画在现代社会已经不再流行，因此人们并不熟悉这些细密画大师的名字，但他们的画作却是研究和了解奥斯曼帝国皇室成员生活和样貌的最佳途径，所以这些细密画深受历史学家们的喜爱。

看点 16 第四庭院
皇宫中空间最开阔的地方

进入第四庭院，游客可以看到眼前一片开阔，这里是托普卡帕皇宫中空间最开阔的地方，由于受到西方建筑的影响，这里的建筑大都充满了西方风情，还装饰有伊兹尼蓝瓷砖，让人感觉这里充满了明快开放的现代化气息。第四庭院以各种亭台楼阁为主，游客在这里可以远望伊斯坦布尔市区的美丽风光。巴格达厅是第四庭院中最精美的建筑，同时也是庭院中最开阔的地方，过去苏丹经常会在这里一边喝咖啡，一边俯瞰金角湾的美丽风光，因此吸引了众多游客前来参观游览。

13 有顶大集市
中东地区最大的集市

买

TIPS
- Taya Hatun Mh,34120 Fatih/Istanbul Province
- 0212-5223173
- 乘电车在Beyazit站下 ★★★★

有顶大集市是到伊斯坦布尔旅游的观光客必去的地方，是中东最大的集市，周围总共有20多个出口，店铺的数量多得数不清，至少有5000多家，密密麻麻地分布在20多条街道上。大集市是15世纪时，苏丹阿何密二世的城市建造计划中的一环，以挤满骨董店的老市场为中心，出售的东西大多是具有土耳其特色的民俗工艺品，包括土耳其式有着手提托盘的红茶组、银器器皿、古色古香的铜器、地毯，以及琳琅满目的纪念品，如恶魔眼、土耳其羊毛披肩等，是游客购买纪念品的好地方。由于观光客数量非常多，因此这里的商家个个会说多国语言，除了银器、琥珀是秤重卖外，其他的纪念品一定要货比十家，然后讨价还价一番，这样才能买到物美价廉的精美纪念品。

14 苏雷曼尼亚清真寺
伊斯坦布尔最具代表性的奥斯曼风格建筑

TIPS
- Prof.Siddik Sami Onar Caddesi ☎ 0212-5140139
- 乘电车在Beyazit站下 ★★★★

苏雷曼尼亚清真寺是伊斯坦布尔规模最大的建筑群，也是最典型的奥斯曼建筑代表，大圆顶直径26.5米，由四根高53米、粗大的石柱支撑，是伊斯兰世界最伟大的建筑大师锡南设计建造的。清真寺的内部采用对称的手法进行装饰，细腻的处理让清真寺有种清亮的美。除此之外，寺内还有刻有土耳其最伟大书法家作品的圆盘，更能体现清真寺的艺术性。苏雷曼尼亚清真寺建于16世纪中期，正是奥斯曼帝国国力最鼎盛的苏雷曼大苏丹时期，因此所建造的清真寺的气氛与蓝色清真寺不同，空间创造出来的崇高庄重感，谨守传统奥斯曼建筑的风格，内部各空间的紧密结合，以及各种造型的玻璃窗和红白砖墙的搭配，都显得协调而不夸张，是伊斯坦布尔当地人最钟爱的建筑杰作。

✱ 苏雷曼尼亚浴场
苏雷曼尼亚清真寺的附属浴场

苏雷曼尼亚浴场始建于16世纪中期，位于苏雷曼尼亚清真寺旁边，也是由建筑大师锡南设计建造的，拥有悠久的历史。由于土耳其人对洗浴非常重视，每天都离不开土耳其浴，因此这座浴场虽然已经历了400多年的风雨，但至今仍在营业，而且每天都有很多市民到这里来洗浴，洗完后就会感到身心放松，非常舒服。

15 Daruzziyafe Turk Mutfagi
土耳其著名的宫廷菜餐厅 吃

　　Daruzziyafe Turk Mutfagi是土耳其著名的宫廷菜肴餐厅，位于苏雷曼尼亚清真寺旁边。餐厅建于16世纪中期，最初也是由建筑大师锡南设计建造的苏雷曼尼亚清真寺附属建筑，当时是用作专门给穷人施舍食物的公共食堂，后来被苏丹用作宴会厅，举办各种大型宴会。1991年时这里经过了重新的整修，使餐厅内部的各项设施更加奢华，游客在这里还能够隐约感受到曾经宴会厅的辉煌。如今的Daruzziyafe Turk Mutfagi专为顾客提供各种土耳其传统的宫廷美食，非常有特色，而且味道鲜美，是美食爱好者不能错过的好地方。

TIPS
 Sifahane Cad,No.6 Suleymaniye   0212-5118414
 乘电车在Beyazit站下   ★★★★

---

16 吕斯泰姆帕夏清真寺
珍贵的奥斯曼风格建筑瑰宝 赏

　　吕斯泰姆帕夏清真寺建于1560年，拥有悠久的历史，是当时为了苏雷曼大帝的女婿吕斯泰姆帕夏建造的，由建筑大师锡南设计完成，虽然从外表看起来这座规模不大的清真寺并不起眼，但却是一块建筑瑰宝，可以说是奥斯曼建筑最典型的代表。清真寺的小圆顶由4根磁砖柱支撑，为整座清真寺增添了几分古典气息。清真寺内部装饰了许多伊兹尼磁砖，不论是入口台阶的外观立面、列柱门廊，还是内部的墙面、麦加朝向壁龛，都镶嵌着最高等级的伊兹尼磁砖，而且瓷砖上的图案非常丰富，既有一些抽象的图案，也有动植物的图形，非常精美，可以说是整个伊斯坦布尔最好看的伊兹尼磁砖。

TIPS
 Hasircilar Caddesi   0212-5267350   乘电车在Eminonu站下   ★★★★

17 耶尼清真寺 〔赏〕
金角湾一带最突出的建筑

耶尼清真寺是金角湾一带最突出的建筑，位于加拉达桥的南端，是16世纪中期苏丹穆罕默德三世的母亲萨菲耶太后下令修建的。"耶尼"在土耳其语中是"新"的意思，虽然名叫新清真寺，但其实也已经有400年历史了。耶尼清真寺的外观与其他诸多清真寺都差不多，结构上和蓝色清真寺、苏雷曼尼亚清真寺也很接近，都是由主圆顶、数个小圆顶、两根指向天空的伊斯兰教尖塔等组成。由于耶尼清真寺的四周包围了各式摊贩，因此这里永远都是人声鼎沸，非常热闹。走进耶尼清真寺，会让人感觉仿佛走进了另一个世界，外面俗世的嘈杂全被隔绝在外，里面充满了浓郁的宗教氛围。清真寺外广场的阶梯是观看新市区景色的好地方，就连戴绿帽的加拉达塔都清晰可见，因此吸引了许多游客前来观光游览。

18 香料集市 〔买〕
土耳其有名的商品百货集市

与耶尼清真寺连在一起的就是土耳其著名的香料集市，建于1660年，最初也是耶尼清真寺建筑群的一部分。由于当时的香料集市主要用于售卖各种来自埃及的贡品，因此这里又被叫做埃及市场，集市上商家的租金主要用于维护清真寺和各种慈善活动。如今的香料集市摊贩卖的主要是生活用品及食材，从锅碗瓢盆、水晶杯、各式香料、各种土耳其奶酪、蜂蜜、面包、水果、干果到各种服装衣饰、珠宝首饰等，应有尽有。游客在这里可以看到各式各样的香料都呈一字排开，供顾客挑选，景象非常壮观，而且这里的香料包装得都很可爱。除了各种香料，集市上茶的种类也不少，除了最普遍的苹果茶，还有柠檬茶等，既有茶叶式的，也有冲泡式的。因此，香料集市是当地市民和游客购买各种生活用品和纪念品的好地方。

TIPS
Yeni Cami Meydami Sokak,Eminonu　0212-5278505　乘电车在Eminonu站下　★★★★

TIPS
Cami Meydani Sokak,Eminonu　乘电车在Eminonu站下　★★★★

畅游土耳其：伊斯坦布尔蓝色清真寺

19 锡尔克吉火车站
伊斯坦布尔的重要火车站

锡尔克吉火车站是伊斯坦布尔的两个重要火车站之一，位于伊斯坦布尔的欧洲区。进出锡尔克吉火车站的火车主要是来往于欧洲各国的国际列车，因此，这里也成为了欧洲游客进出伊斯坦布尔的必经之地。这里每天都是人来人往，人声鼎沸，不仅有观光旅游的游客，还有很多打工的人。这里的建筑造型美观，还装饰有精美的彩绘玻璃，阳光照进来会形成漂亮的彩色光柱，让人印象深刻。除此之外，这里也是著名的侦探推理小说《东方快车谋杀案》中的终点站。

TIPS
Sirkeci Meydan,Sirkeci/Istanbul – Europe　0212-5270051　乘地面电车在Sirkeci站下　★★★★

✱ 旋转舞表演
土耳其传统舞蹈

锡尔克吉火车站的特别之处在于，这里每到星期三就会有精彩的旋转舞表演，让许多初次到伊斯坦布尔的游客惊叹不已。土耳其的旋转舞一般都是由三个身着白袍的舞者进行表演的，他们在音乐中不断地旋转，就像一朵朵盛开的白色花朵，非常好看。而且，人们还会在舞蹈的伴随下进行各种宗教仪式，这使得旋转舞表演更加具有传统色彩。

20 金角湾
伊斯坦布尔的天然屏障 赏

金角湾又叫哈利奇湾，是博斯普鲁斯海峡南口西岸的一个天然峡湾，从马尔马拉海延伸到欧洲大陆，全长7500米，深35米，最宽处750米，这里曾是伊斯坦布尔港口的主要组成部分。细长的金角湾是伊斯坦布尔的一个天然屏障，对昔日君士坦丁堡的防卫起了很重要的作用。过去拜占庭帝国和奥斯曼帝国的海军和海洋运输活动都集中于此，拜占庭帝国还在金角湾沿岸修建了城墙。金角湾在古代也是一个重要的商业据点，金角湾大桥、旧加拉达桥、阿塔尼桥和加拉达桥四座大桥横跨在峡湾上，对海峡两岸的交通和经济发展起着重要的作用。金角湾是世界上首屈一指的优良天然港口，不仅为经济和交通作出了贡献，也是当地著名景点之一，美丽的公园和滨海步道遍布其中，吸引了许多游客到这里观光游览。

★ 加拉达桥
连接伊斯坦布尔新老城区的重要枢纽

加拉达桥是连接伊斯坦布尔老城区和新城区的交通枢纽，两边分别是艾米努码头和卡拉柯伊码头。加拉达桥全长400米，最早是木桥，1992年时建造了现在的钢筋水泥桥，站在桥上可以看到水面很辽阔，经常能看到许多钓鱼爱好者在桥上一边与人聊天，一边钓鱼。位于旧城区的艾米努码头是通往新城区的重要关口，又是诸多渡轮站集合地、巴士总站，因此经常是人山人海，尤其是摊贩特别多。新城区的卡拉柯伊码头旁边有座露天鱼市场，游客在这里可以充分体验到伊斯坦布尔人的日常生活。

TIPS
- The Golden Horn
- 乘电车在Eminonu站下
- ★★★★

21 卡里耶博物馆
最美丽的拜占庭时期历史遗迹 赏

卡里耶博物馆是伊斯坦布尔著名的拜占庭帝国时期的历史遗迹，仅次于圣索菲亚教堂，拥有许多精美的马赛克镶嵌画。卡里耶博物馆的前身是柯拉修道院教堂，被认为是最美的拜占庭教堂之一，和伊斯坦布尔的基督教堂一样，在奥斯曼帝国时代被改建成为了清真寺。但在当时执政军官的命令下，教堂墙上那些13～14世纪绝美的马赛克镶嵌画作仅被涂上灰泥，并没有被挖除破坏。如今的博物馆中并没有陈列很多文物，因为这里最珍贵的文物就是博物馆建筑本身，以及博物馆的墙壁和屋顶上的马赛克镶嵌画。这些精美的镶嵌画主要以圣经故事为主，可以说参观一次卡里耶博物馆就像读了一次《圣经》。

TIPS
 Kariye Camii Sokak 26,Edirnekapi 0212-6319241
 15里拉 乘37号小型巴士在Kariye站下 ★★★★

✱ 马赛克镶嵌画&湿壁画
珍贵的艺术精品

卡里耶博物馆的马赛克镶嵌画和湿壁画都非常精美，因为在教堂改建时被涂上了灰泥，直到20世纪中期才又重见天日。从教堂一进门就能够看到在墙面及小圆拱上的马赛克镶嵌画及湿壁画，它们描绘了基督及圣母的一生，从天使报喜、基督诞生马槽、基督行使神迹、基督赐福、圣母的生与死及各位圣徒使者等，每一幅画作虽都略显残破，但表情栩栩如生，色泽依然完整，尽管经过了数百年的尘封，但仍然具有高度的艺术价值。

22 法提赫清真寺
伊斯坦布尔最大的伊斯兰教建筑

法提赫清真寺在土耳其语中意为"征服者清真寺",是伊斯坦布尔最大的伊斯兰教建筑,代表了土耳其建筑发展的重要阶段。这座奥斯曼帝国时期清真寺前身是拜占庭帝国时期的圣使徒教堂,位于伊斯坦布尔的法提赫区。法提赫清真寺是一组拥有前所未有规模的宗教和社会建筑群,包括图书馆、医馆、市场、浴场、小学以及公共食堂等,是由"征服者"穆罕默德二世下令修建的,曾一度作为君士坦丁堡大牧首的驻地。法提赫清真寺是奥斯曼帝国建筑史的第一个重大工程,是当时在土耳其首的,仅次于由圣索菲亚大教堂改建的索菲亚清真寺的第二大清真寺。因此,法提赫清真寺吸引了世界各地的游客前来参观游览。

畅游土耳其 — 伊斯坦布尔蓝色清真寺

TIPS

Ali Kuşcu Mh., 34083 Fatih/Istanbul Province 0212-6528319 ★★★★

TURKEY GUIDE

Turkey

畅游土耳其 ❷

伊斯坦布尔博斯普鲁斯海峡

博斯普鲁斯海峡又称伊斯坦布尔海峡,连接黑海和马尔马拉海,是土耳其亚洲部分和欧洲部分的分界线,全长31公里。跨越博斯普鲁斯海峡有两座大桥,凡是到伊斯坦布尔来旅游的人,都想乘车通过一次大桥,体验一下洲际旅行的乐趣。

01 朵玛巴切皇宫
土耳其最大的宫殿

朵玛巴切皇宫位于博斯普鲁斯海峡旁边，建于19世纪奥斯曼帝国没落的时期，是奥斯曼帝国最后的荣耀体现，占地面积约45000平方米，是土耳其最大的宫殿，建成后一直是奥斯曼帝国的行政中心。朵玛巴切皇宫的建筑风格融合了巴洛克、洛可可和新古典主义最精华的部分，并结合了传统的奥斯曼风格，皇宫的整体布局和装饰反映出了当时欧洲风格对奥斯曼帝国文化和艺术领域的深远影响，而皇宫依然保留了传统奥斯曼帝国宫殿的特点。无论是外观还是内部，朵玛巴切皇宫都是经过精雕细琢的，彰显了皇家的威严与豪华，因此成为了世界上最著名的皇家宫殿之一。如今，这里已经成为了著名的旅游景点，吸引了大批国内外游客到这里参观游览。

TIPS

📍Dolmabahce,Caddesi,Besiktas ☎0212-2369000 💰20里拉 🚌乘电车在Kabatas站下 ★★★★★

看点 01 卫兵换岗仪式
传统的换岗仪式

朵玛巴切皇宫时刻都有卫兵在站岗把守，这些卫兵每过一个小时都会在皇宫的南门前面举行一次换岗仪式。由于朵玛巴切皇宫的南门是游客进出皇宫的主要通道，因此这些卫兵们简单的换岗仪式就变得非常引人注目。在这里排队等候参观皇宫的游客都会拿出照相机，将这些迈着整齐划一步伐的卫兵们飒爽的英姿收集起来。因此，观看卫兵换岗仪式就成为了朵玛巴切皇宫的一个著名的旅游项目。

看点 02 大使厅
奢华的大厅

朵玛巴切皇宫的大使厅位于皇宫议政翼的水晶楼梯厅旁边，装饰极尽奢华，中央是巨大的水晶吊灯悬挂在镶有金箔的天花板上，地上铺着精美的绢丝地毯，柔软细腻，周围还摆放着各种精美华丽的陶瓷花瓶，到处都充满了豪华浪漫的气息。除此之外，大使厅中最让人叹为观止的要数做工精细的北极熊铺毯，这是俄国沙皇尼古拉二世赠送的，非常珍贵。

看点 03 水晶楼梯厅
壮观无比的水晶吊灯

位于朵玛巴切皇宫议政翼入口处的水晶楼梯厅装饰得非常绚丽和奢华，可谓是极尽奢华之能事，楼梯的扶手和柱子全部都采用威尼斯的水晶制成，光彩照人，头顶上是从法国运来的大吊灯，重约2.5吨，吊灯点亮时散发出璀璨的光芒，让所有来参观的游客都感到惊奇。除此之外，在大吊灯周围还摆放有许多波西米亚立灯作为装饰，让人们不得不感叹当时苏丹们的生活是多么奢华。

畅游土耳其 — 伊斯坦布尔博斯普鲁斯海峡

看点 04　谒见厅
朵玛巴切皇宫内重要的厅堂

谒见厅是朵玛巴切皇宫中非常重要的一个厅堂，是大使们向苏丹致敬、递交到任国书的地方。这里的装饰以红色为主调，因为红色被认为是奥斯曼帝国国力的象征，整个房间采用红色和金色相互搭配，更加彰显了帝国的国威，因此这里又被叫做"红厅"。在红厅中央有一张镶金箔的小圆桌，看似不起眼，其实大有来头。这是拿破仑送给苏丹的礼物，桌面上绘有拿破仑像，周围还有12位欧洲著名美人的肖像。桌子上还摆放着波西米亚的红水晶烛台，同样非常精美，而且增添了几分历史感。

看点 05　大宴会厅
皇宫中最宏伟漂亮的大厅

大宴会厅是朵玛巴切皇宫中最华丽漂亮的厅堂，长46米、宽44米，可同时容纳2500人。厅内有56根大大小小的柱子，还有一个高36米的大圆顶，以及精雕细琢的阳台，精致壮观的景象让每一个游客都惊叹不已。大宴会厅的隆重华美和正中央的大水晶吊灯有关，这盏巨型吊灯重4.5吨，由750个小灯组成，灯光全开时，照明的广度高达120平方米，是当时全世界最大的水晶吊灯，这盏吊灯是英国的维多利亚女王赠送的礼物。在四个角落还有银灯柱，与大吊灯相互辉映，使整个大宴会厅更加金碧辉煌。

看点 06　画廊
各种精美的画像

皇宫中的画廊悬挂着许多知名画家和宫廷画师的作品，以苏丹及其家人们的画像为主。画廊上还有一座半圆形的大落地窗，以蓝色为主色调，为画廊增添了高贵典雅的氛围。这座落地窗是对着大宴会厅的，由于过去女人是不能随意抛头露面、参加宴会的，因此当时后宫中的妃子们就通过这座落地窗观看大宴会厅举行宴会时的热闹场景，而且宴会中的人们看不到落地窗后面的她们。

看点 07 后宫
各种精美的画像

朵玛巴切皇宫的后宫是整个皇宫最神秘的地方,是苏丹及其家人居住的地方,以苏丹和苏丹母亲的卧室为中心,还有王子的教育房、宠妃房、生产房等供游客参观游览。朵玛巴切皇宫的后宫不像托普卡帕皇宫的后宫那样充满了奥斯曼帝国的传统氛围,而是充满了西洋气息,更加现代化。土耳其共和国的国父凯末尔就是在这里去世的。如今,他去世的床上还铺着土耳其的国旗,用来表达对他的纪念。

看点 08 苏丹浴池
苏丹放松休闲的地方

苏丹浴池是一个装饰精美的大理石浴场,地面使用的是马尔马拉石,墙面上是带有透明感、颜色柔和的埃及雪花石,还有许多精致的花纹和图案,都是经过精雕细琢的。苏丹非常喜欢这里,还经常到这里洗浴放松。浴池周围三面都有巨大的窗户,因此采光非常充足,视野也很开阔,苏丹可以在这里一边洗浴,一边欣赏博斯普鲁斯海峡的壮丽风光,非常享受。

畅游土耳其 · 伊斯坦布尔博斯普鲁斯海峡

02 朵玛巴切清真寺
外观造型充满现代感的清真寺

朵玛巴切清真寺建于1853年，与朵玛巴切皇宫建于同一时期，是由苏丹阿卜杜勒·马吉德一世的母亲贝兹米亚兰皇太后投资修建的。据说皇太后为了修建这座清真寺，花光了她的毕生积蓄。朵玛巴切清真寺和伊斯坦布尔其他古老清真寺的建筑风格不一样，这里的规模不大，但是外观造型充满了现代感，让人一看就有一种耳目一新的感觉。而且，朵玛巴切清真寺在设计和装修上也都有所突破和创新，打破了传统的清真寺建筑风格，并且取得了一致好评。清真寺被划归朵玛巴切皇宫后，经过了一番整修，变得好像一座宫殿一般华丽壮观，因此吸引了许多游客前来参观游览。

TIPS
 Ömer Avni Mh,34427 Beyoğlu/Istanbul Province　乘电车在Kabatas站下　★★★★

03 博斯普鲁斯海峡
连接欧洲与亚洲的战略要地

博斯普鲁斯海峡又名伊斯坦布尔海峡，是连接欧洲与亚洲的重要战略要地，长约31公里，最宽处宽约3420米，最窄处宽度大约只有704米，是世界上最窄的国际通航海峡。博斯普鲁斯海峡北连黑海，南通马尔马拉海，是黑海沿岸国家出海的第一关口，也是连接黑海和地中海的唯一航道。博斯普鲁斯海峡两岸经济繁荣，人口稠密，土耳其第一大城市伊斯坦布尔便隔着博斯普鲁斯海峡与小亚细亚半岛相望。游客可以乘坐游船游览博斯普鲁斯海峡，既能欣赏沿岸的美丽风光，换个角度观赏壮观的朵玛巴切皇宫，也可以感受到博斯普鲁斯大桥的宏伟气势，体验在欧洲和亚洲间穿梭的奇特之旅。

TIPS
- Bosphrous Strait
- Besiktas或Kanlica、Yenikoy、Sariyer、Rumeli Kavagi港口乘游船可到 ★★★★★

看点01 博斯普鲁斯大桥
第一座跨越博斯普鲁斯海峡的大桥

博斯普鲁斯大桥建成于1973年，是第一座能够跨越博斯普鲁斯海峡的大桥，最长跨度1074米，距离海面64米，宽39米，分为6线道，是世界上跨度第四长的悬索桥，也是欧洲第一大吊桥。博斯普鲁斯大桥连接欧亚两个大陆，中间有一条分割线，将大桥分成欧洲和亚洲两个部分，极大地方便了两岸的交通运输，而且促进了两岸的经济交流与合作。游客在这里都喜欢站在分割线两端拍照留念，就好像跨在欧亚两大洲之间。

看点02 苏丹穆罕默德大桥
宛如长虹的拉索大桥

位于博斯普鲁斯大桥北侧的苏丹穆罕默德大桥又叫做第二博斯普鲁斯大桥，建成于1988年，全长1510米，是当时的世界第六长悬索桥。苏丹穆罕默德大桥比博斯普鲁斯大桥更宽更长，分为8线道。这里与博斯普鲁斯大桥一样，海中没有桥墩，依靠巨大的钢索固定住桥面，从远处看，就像彩虹一样，横跨整条海峡，中央的桥面上也有一条欧亚两大洲的分割线，吸引了许多游客前来参观游览。

04 鲁梅利城堡
扼住博斯普鲁斯海峡咽喉的城堡 赏

鲁梅利城堡是苏丹穆罕默德二世为了攻打君士坦丁堡而建造的据点，正好位于博斯普鲁斯海峡最狭窄的地方，可以说是扼住了博斯普鲁斯海峡的咽喉。城堡仅用了4个月就修建完成了，切断了君士坦丁堡与外界的交通，从而直接导致了君士坦丁堡的沦陷。如今的鲁梅利城堡已经成为了伊斯坦布尔著名的旅游景点之一，环境优雅，周围被绿树环绕。而且，具有古典韵味的城堡周围还开设了许多餐厅和咖啡馆，顾客可以在绿意盎然的优美环境中喝咖啡和用餐，非常惬意，深受当地市民和来自世界各地游客的欢迎和喜爱。

TIPS

Rumeli Hisar Mh.,34470 Istanbul/Istanbul Province　0212-2633822　★★★★

05 奥尔塔柯伊

风景宜人、环境优雅的小渔村

逛

奥尔塔柯伊位于博斯普鲁斯大桥旁边，是一个风景宜人的小渔村，渔夫们每天都会把自己出海打来的各种海鲜拿出来贩卖。随着渔村的发展，这里逐渐演变成为热闹的集市，吸引了许多当地市民和游客前来购买。如今，除了海鲜集市，奥尔塔柯伊还开办了假日集市，售卖一些具有当地特色的手工艺品，每次开市都是人声鼎沸，非常热闹。奥尔塔柯伊的环境优雅，而且生活非常悠闲惬意，因此成为了非常受欢迎的休闲度假胜地。

TIPS

Ortakoy　乘40、40T、DT1、2路公共汽车可到　★★★★

畅游土耳其：伊斯坦布尔博斯普鲁斯海峡

081

⭐ 奥尔塔柯伊清真寺
充满古朴典雅的历史感

奥尔塔柯伊清真寺建于19世纪，是当地非常具有代表性的建筑，由曾参与朵玛巴切皇宫建筑设计的设计师建造而成，因此能够找到许多与朵玛巴切皇宫相像的地方。由于受到了西方建筑风格的影响，因此奥尔塔柯伊清真寺采用巴洛克和新古典主义的建筑风格，古朴壮丽，高贵典雅，充满了历史感，与旁边具有现代化的博斯普鲁斯大桥形成了鲜明的对比，互相衬托，非常巧妙。

TIPS
🚩 Ortakoy　🚌 乘40、40T、DT1、2路公共汽车可到
⭐ ★★★★

06 贝勒贝伊宫
奥斯曼帝国接待外宾的夏宫

贝勒贝伊宫建于19世纪中期,是奥斯曼帝国的一个夏宫,专门用来接待从外国来的贵宾,宫殿位于博斯普鲁斯海峡的亚洲一侧,与博斯普鲁斯大桥相邻。贝勒贝伊宫是由苏丹阿卜杜勒·阿齐兹一世下令兴建的,1869年曾接待过法国的欧仁妮皇后,还曾接待过英国的温莎公爵和公爵夫人。贝勒贝伊宫是伊斯坦布尔最著名,也是最美丽的宫殿之一,它由白色大理石建造,建筑通体洁白,显得非常高贵优雅,庭院中还种满了雪白的玉兰花,香气幽幽,充满了梦幻色彩,除此之外,还种有来自世界各地的奇花奇草,甚至连中国的竹子都可以在这里找到。宫殿内部的装潢极尽奢华之能事,充分彰显了苏丹的权威,因此,这如同梦境一般的贝勒贝伊宫也被称为是博斯普鲁斯海峡最美妙的一角。

TIPS
- Beylerbeyi Mh., 34676 Üsküdar/Istanbul Province
- 0216-3219320　★★★★

畅游土耳其 — 伊斯坦布尔博斯普鲁斯海峡

07 克兹塔
伊斯坦布尔最具浪漫情调的地方 赏

克兹塔又被称为少女塔，矗立在博斯普鲁斯海峡靠近亚洲的小岛上，也是伊斯坦布尔港的入口处，被认为是伊斯坦布尔最具浪漫情调的地方。克兹塔曾经历过多次重建，现在人们看到的是1763年重新修建的巴洛克式高塔，塔身呈白色，显得高贵优雅，塔顶上的圆顶凸显出这里浪漫的情调。传说一位预言家预测苏丹钟爱的女儿会被大蛇缠死，因此苏丹修建了这座塔来保卫女儿，但不幸的是，公主最后还是如预言所说香消玉殒，只留下了这座高塔，不禁让人感到唏嘘。白天，这座塔作为一家咖啡馆对外开放，晚上则成为了高档餐厅，有时还会有民间音乐和现场流行音乐DJ表演，非常精彩。

TIPS
🏠 Salacak Mh.,Salacak Iskele Ar Sk 17, Istanbul
☎ 0216-3424747 🚢 Salacak、Ortakoy、Kabatas乘船可到 ★★★★★

08 米赫里马赫苏丹清真寺
于斯屈达尔区的标志性建筑

米赫里马赫苏丹清真位于伊斯坦布尔的于斯屈达尔区,是该地区的标志性建筑,米赫里马赫在土耳其语中是太阳和月亮的意思,清真寺靠近轮渡码头,因此又名码头清真寺。米赫里马赫苏丹清真寺是由苏莱曼大帝的女儿、大维齐尔鲁斯坦帕夏的妻子米赫里马赫苏丹兴建的,是著名的伊斯兰建筑设计师锡南的成熟期作品,大体上与他的其他作品没什么不同,但细节上还是展现了锡南的成熟风格的一些特点,可以看出锡南对这种建筑的把控能力已经炉火纯青了,因此吸引了许多建筑爱好者前来参观游览。

TIPS
Mihrimah Sultant Camii Demokrasi Meydana 0212-4584983 ★★★★

09 恰姆利查山 赏
伊斯坦布尔的制高点

恰姆利查山是伊斯坦布尔的制高点，登上山顶，游客可以将伊斯坦布尔新城区的美丽风光尽收眼底，还可以遥望博斯普鲁斯海峡的壮丽风光。恰姆利查在土耳其语中意为"松林"，主要是因为这座海拔267米的山上种满了各种松树，当松枝随风摇曳时，构成了一幅绝美的风景画，让人叹为观止。山上各种设施非常完备，设有公园、电视信号发射塔、餐厅、咖啡馆、茶馆等，游客可以在这里充分地休息放松。由于这里的交通不是非常便利，外地的游客并不经常来游玩，只有当地人在节假日时会到这里休闲放松，因此这里的环境非常清幽，对于喜欢安静的人来说绝对是一个游玩休闲的好地方。

TIPS
📍 Camlica 🚌 亚洲区Uskudar乘11路公共汽车上山可到
★★★★

10 Kanyon 买
伊斯坦布尔最负盛名的购物中心

Kanyon是伊斯坦布尔最负盛名的购物中心，建筑造型设计独特，灵感来自于大峡谷。各个功能区都由一个开放式的中央步道连接，建筑采用曲线的外形，构建成一个大峡谷的效果，中央还有一个凹形的椭圆演出场地，商家经常会在这里举行各种演艺和品牌推广活动。Kanyon不仅是一个购物中心，同时还设有写字楼和高级公寓，为伊斯坦布尔带来了新的城市生活理念，通过有机的、开放式的设计将现代化办公室、豪华公寓和高档零售紧凑地结合在一起，还通过剧场、广场和屋顶花园为上班族、居民和游客提供了聚集互动的空间。购物中心主营当地和国外的各种高端时尚品牌，包括Harvey Nichols、Vakko、Swarovski等，还配有许多餐厅和影院、剧场等，因此深受游客和当地上流社会人士的青睐。

TIPS
📍 Büyükdere Caddesi 185 Istanbul, 34394 ☎ 0212-3535200 🚇 乘M2地铁在Levent站下
★★★★

11 Istinye Park
现代化大型综合购物中心

Istinye Park创立于2007年，是一个现代化的大型综合购物中心，设有一个户外购物区和一个大型室内区，汇集了众多国际知名品牌店、咖啡厅、餐厅等，还拥有土耳其第一家IMAX电影院，是世界各国观光客首选的购物中心。整个购物中心呈环形，由玻璃房屋组成，既有Burberry、Gucci、Miu Miu和Louis Vuitton等世界时尚潮流品牌，也有一些大众品牌的专卖店供游客选购。除此之外，购物中心还有一个大型的室内食品市场，具有土耳其传统市场的风格，为游客提供各种新鲜美味的可口小吃。购物中心将剧院、餐厅，以及艺术、娱乐、运动场所与商场相结合，致力于打造一种全新的享受生活方式，成为了伊斯坦布尔的一个新亮点。

TIPS
- Istinye Bayiri Caddesi 34460，Istinye Istanbul
- 0212-3455555 ★★★★

畅游土耳其：伊斯坦布尔博斯普鲁斯海峡

TURKEY GUIDE

Turkey

畅游土耳其
③

伊斯坦布尔加拉达塔

始建于6世纪的加拉达塔是伊斯坦布尔新城区的标志之一，塔高约67米，人们可以在观景台上俯瞰整个伊斯坦布尔新城区的美景，还能遥望博斯普鲁斯海峡和金角湾的壮丽景观。

01 加拉达塔
伊斯坦布尔著名的标志性建筑

加拉达塔始建于6世纪,是一座中世纪石塔,被当时的热那亚人称为基督塔,位于金角湾以北,是伊斯坦布尔最著名的景观之一,也是最引人注目的标志性建筑之一。加拉达塔自建成以来,历代的统治者都给予这座塔不同的定义和功能,它曾是金角湾最闪耀的灯塔,也曾是新移民监视塔,后来还被当成牢房、天文台等。如今人们所看到的加拉达塔是14世纪火灾后重建的,高66.9米,是当时伊斯坦布尔最高的建筑物。现在,加拉达塔已经被商业化,塔内现装有两部载客电梯,顶部有一个餐厅和咖啡厅,游客白天可以在加拉达塔上俯瞰蔚为壮观的伊斯坦布尔和博斯普鲁斯海峡的景色。到了晚上,顶层的夜总会还会为游客提供精彩的肚皮舞、民族舞以及脱口秀表演,充满了民族特色,受到来自世界各地游客的欢迎和喜爱。

TIPS
 Galata Meydani,Karakoy 0212-2938180 10里拉 乘电车在Tunel站下 ★★★★★

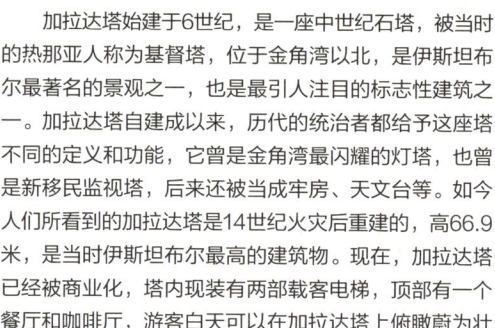

02 加拉达塔景观餐厅

伊斯坦布尔视野最开阔的餐厅

伊斯坦布尔的标志性建筑加拉塔不仅是到伊斯坦布尔观光旅游的必到景点之一,也是当地非常有人气的餐厅之一。设在加拉达塔顶部的加拉达塔景观餐厅是伊斯坦布尔乃至整个土耳其视野最开阔的餐厅,游客可以在这里一边享用咖啡、三明治或意大利面等,一边欣赏窗外的风景,将蓝色清真寺、圣索菲亚教堂等美景尽收眼底,度过一段悠闲的下午茶时光。或者点一整套具有当地特色的土耳其大餐作为午餐或晚餐,不仅能够大饱口福,还能欣赏伊斯坦布尔的迷人夜景。因此,加拉达塔景观餐厅成为了到伊斯坦布尔旅游用餐的好选择。

TIPS

Galata Meydani, Karakoy　0212-2938180　乘电车在Tunel站下　★★★★

畅游土耳其 — 伊斯坦布尔加拉达塔

03 加拉达梅芙雷维博物馆
欣赏古典奥斯曼文学作品以及神秘的宗教历史和文化

加拉达梅芙雷维博物馆过去曾是伊斯兰非常重要的一个教派苏菲派的教徒们进行修行的场地,直到1925年凯末尔禁止了苏菲教派,这里才被停用,成为了一座收藏古典奥斯曼文学作品的博物馆。除了古典文学作品,博物馆内还摆放有许多过去苏菲教派的教徒们穿过的服饰、使用过的乐器和文物等物品,让游客能够了解伊斯兰教中最神秘教派的历史和文化,感受神秘的教派特色。当然,大部分游客来到加拉达梅芙雷维博物馆的主要目的还是欣赏土耳其特色的旋转舞表演,非常精彩。

TIPS
🏠15 Galip Dede Caddesi 15,Beyolu ☎0212-2435045 💰5里拉 🚋乘电车在Tunel站下 ★★★★★

✱ 旋转舞表演
独特的旋转舞

旋转舞是加拉达梅芙雷维博物馆中最具特色的表演,其实这是伊斯兰苏菲教派的一种宗教仪式,开始是一段45分钟左右的音乐,接下来男女舞者身穿不同颜色的长袍,在主祭僧侣进行完祝祷后开始旋转。长袍随风飘舞,就像一朵朵盛开的花朵,非常美丽。旋转舞所蕴含的哲理在于,世间的万事万物都在不停地旋转,人的一生从出生、长大、老去,到死亡也是一个循环,生生不息,舞者通过自己的旋转来达到与神的沟通和交流。旋转时,舞者右手向上,表示接受神的赐福和能量,头向右侧,表示完全接受神的安排,左手向下半垂,表示将神赐予的能量和福祉传给世间的万物。

04 佩拉宫旅馆 住
伊斯坦布尔历史最悠久的酒店之一

佩拉宫旅馆是伊斯坦布尔历史最悠久的酒店之一，于19世纪开始投入运营，至今已有100多年的历史，是奥斯曼帝国的第一座高档酒店。佩拉宫旅馆的建筑结合了新古典主义、新艺术和东方建筑等多种风格，而且是第一次将电力、热循环自来水和铸铁工艺电梯等技术运用到建筑中，是伊斯坦布尔步入现代社会的标志之一。旅馆自建成以来，一直都是社会名流趋之若鹜的地方，特别是20世纪30年代到第二次世界大战之前，可以算是佩拉宫旅馆的黄金时期。英国国王爱德华八世、伊丽莎白女皇二世、英国前首相丘吉尔、大导演阿尔弗雷德·希区柯克、好莱坞明星葛丽泰·嘉宝、大作家列夫·托洛茨基等名人都曾是这里的座上宾，诺贝尔文学奖获得者海明威被他的报社派来采访土希战争时也住在这里。

TIPS
98-100 Mesrutiyet Cad,Tepebasi　0212-2514560　乘地面古董电车在Tunel站下　★★★★

05 伊斯提克拉尔路 逛
伊斯坦布尔的香榭丽舍大街

伊斯提克拉尔路全长约3公里，是伊斯坦布尔新城区最著名的商业街，号称是伊斯坦布尔的香榭丽舍大街。沿街有许多巴洛克或洛可可风格的建筑，充满了异域风情，在伊斯坦布尔市内算是少见。伊斯提克拉尔路是伊斯坦堡最时髦、流行商品最集中的地方，各种精品店、音乐店、书店、美术馆、电影院、剧院、图书馆、咖啡厅、酒吧、餐厅、古老的糕点店等设施应有尽有，游客在这里可以购买到土耳其当地的流行品牌，尤其是皮革制品，因此受到来自世界各地游客的欢迎。这里最特别的一景就是路上来回行驶的古董电车，从Tunel行驶到新城区中心的塔克西姆广场，而且两节车厢都是木制的，速度也不快，乘坐古董电车是欣赏街边美景的好方法。

TIPS
 Istiklal Caddesi　 乘电车在Taksim站下　★★★★★

看点01 Vakko百货公司
土耳其著名的百货公司

Vakko百货公司是土耳其著名的百货公司，成立于1777年，至今已有200多年的历史。这里的商品种类繁多，而且都非常流行，可以与许多欧洲国家的著名百货公司相媲美。除此之外，这里还有许多像图案精美的布料和地毯等具有土耳其特色的商品，是在别的地方不容易见到的。因此，Vakko百货公司吸引了众多当地市民和世界各地的游客，总是人声鼎沸。

看点02 Ceneviz Meyhanesi
风格古朴的海鲜餐厅

Ceneviz Meyhanesi位于齐杰奇顶棚通道，是一家独特的海鲜餐厅，充满了浓厚的历史感和浓郁的土耳其传统风情，痕迹斑驳的老楼梯、过道旁边的旧式收音机，以及餐厅内装饰摆放的老式马车，每一样都在诉说着这里的悠久历史，让身处其中的人们仿佛穿越时空回到了过去。这家餐厅主要供应一些土耳其传统风味的海鲜菜肴，味道独特，受到了市民和游客的欢迎和喜爱。除此之外，由于餐厅在二楼，因此视野比较开阔，游客在这里还可以一边享受美食，一边欣赏窗外的美丽风光，非常惬意。

看点 03 塔克西姆广场
伊斯坦布尔现代化的象征

塔克西姆广场位于伊斯提克拉尔路的尽头，是伊斯坦布尔著名的人文景观之一，广场的中央有一座共和国纪念碑，建于1928年。同时，塔克西姆广场也是伊斯坦布尔的主要交通枢纽之一，充满了现代感，周围有许多个性化的现代酒吧和国际品牌专卖店。塔克西姆广场还是伊斯坦布尔举行新年庆祝活动或其他社会公众集会的场地，在这里还经常可以看到许多游行和不同政党的竞选活动等，非常热闹。

看点 04 齐杰奇顶棚通道

各种海鲜餐厅的汇聚地

齐杰奇顶棚通道是伊斯提克拉尔路中段的一个美食聚集地,这里前身曾是一个花市,如今汇集了许多海鲜料理餐厅。由于通道旁边就是海鲜卖场,因此这里的海鲜料理都非常新鲜味美,是美食爱好者不能错过的好地方。在这里,游客不仅可以享受美食,还可以同时欣赏到窗外街上的风景,感受传统的土耳其风情。

06 军事博物馆
奥斯曼帝国强盛军事实力的展示

奥斯曼帝国曾经拥有非常强盛的军事实力，在历史上留下了深刻的烙印，直到现在，仍有许多人对奥斯曼帝国充满了好奇。伊斯坦布尔在很长时间内一直是奥斯曼帝国的首都，这座军事博物馆则可以为人们解开疑惑。博物馆内展示了奥斯曼帝国时代土耳其军队所使用的各种装备，共分为两层，其中第一层展出了许多中世纪的武器、盔甲、军服，以及战旗，既有土耳其军队的军旗，也有缴获的敌军军旗，二楼则是有关第一次世界大战和土耳其独立战争的一些展品。博物馆中最特别的要数战争时期的皇室帐篷，全部都是用上好的金银线、珠宝、珍贵的丝绸和美丽的花纹精制而成，非常奢华美丽，在苏丹出征时，这些帐篷作为指挥所使用。馆内藏品总计约五万件，号称是世界第二大的军事博物馆。除此之外，这里每天下午3点到4点之间还有奥斯曼时代军乐表演，非常精彩。

TIPS

📍 Vali Konagi Caddesi, Harbiye　📞 0212-2332720　💰 1.5里拉　🚇 乘坐M2在Osmanbey站下车　🕘 9:00-17:00

畅游土耳其 · 伊斯坦布尔加拉达塔

097

07 卡拉柯伊
伊斯坦布尔的金融中心

　　卡拉柯伊位于伊斯坦布尔的新城区，是加拉达桥在新城区的码头所在地，与旧城区的艾米诺努码头相对。在奥斯曼帝国晚期，这里就是伊斯坦布尔的金融中心，在堤岸大道两边有许多充满土耳其传统风情的建筑，包括许多银行的分行等，如今，游客在这里依然能够看到这些古老的建筑。现在的卡拉柯伊还有许多国际邮轮停靠休息，许多国家的游客都是从这里登岸来到伊斯坦布尔的，因此这里经常热闹非凡。除此之外，这里还有许多美味的土耳其特色小吃供游客品尝，是体验伊斯坦布尔当地日常生活的好地方。

TIPS
Karakoy　乘渡轮在Karakoy站下　★★★★

08 小毛驴特色餐厅
土耳其特色传统餐厅

　　小毛驴特色餐厅位于伊斯坦布尔塔克西姆广场附近，是一家主营土耳其特色风味佳肴的餐厅，由于餐厅门口立有一只小毛驴雕像，因此就被大家称为小毛驴特色餐厅。餐厅里装饰有许多富有当地特色的物品和元素，非常有情调。餐厅的二楼是开放式的厨房，到处都弥漫着肉香，游客在这里不仅可以看到灶台上正在烤制的肉类和蔬菜，还能听到这些食材在铁板上发出的吱吱响声，让人胃口大开。由于小毛驴特色餐厅是在一个小巷中，因此并没有许多客人，但这里的菜都是非常地道美味的，而且价格便宜，到伊斯坦布尔旅游的游客不妨一试。

TIPS
BeyoÄlu　乘地铁在Taksim站下车，沿步行街直行即可到达　★★★★

09 Saray Muhallebicisi 吃
有名的土耳其传统甜品店

　　Saray Muhallebicisi位于塔克西姆广场附近，是伊斯坦布尔有名的土耳其老字号传统甜品店。这家甜品店成立于1935年，手艺非常好，因此店里挤满了人。这里共有35种不同的甜品，每一种的味道都非常好，特别是特色产品asure和kazandibi。Kazandibi看上去就像是普通的布丁，外面裹着一层巧克力粉，但吃起来就完全不同了，不仅比普通的布丁更加粘稠，而且还带有肉味，非常独特。它的主要成分是米粉、鸡胸肉和糖做成的酱，这已经成为了当地的一种特色甜品，是到伊斯坦布尔旅游的游客必尝的小吃之一。asure则是一种类似八宝粥的甜品，里面的材料非常丰富，有许多坚果蜜饯，口感也非常好，值得一尝。

TIPS
- Istiklal Caddesi 102
- 0212-2923434
- 乘地铁在Taksim站下车，沿步行街直行即可到达 ★★★★

10 Zencefil 吃
当地有名的素食餐厅

　　Zencefil是伊斯坦布尔非常受欢迎的一家素食餐厅，环境优雅，舒适宜人，还有一个美丽的小花园，树木枝繁叶茂，非常有格调。在这里游客可以吃到最新鲜脆嫩的蔬菜和各种低脂健康的甜点，还有许多种类的草本茶饮，既健康又美味，因此非常受欢迎。除此之外，这里的自制面包味道也非常独特，是这里的一大特色，几乎每个来用餐的顾客都会品尝。餐厅每天都会推出几款特色菜，是顾客点菜时的最佳参考。在吃过土耳其各式各样的烤肉之后，到这里吃一些清新淡雅的蔬菜也是一个不错的选择，因此吸引了许多当地市民和游客前来用餐。

TIPS
- Kurabiye Sokak 8
- 0212-2438234 ★★★★

畅游土耳其 | 伊斯坦布尔加拉达塔

TURKEY GUIDE

Turkey

畅游土耳其
❹

安卡拉

安卡拉是土耳其首都，也是土耳其第二大城市。这里是土耳其的政治、经济、文化、交通和贸易中心，素有"土耳其心脏"之称。在城中随处都能感受到厚重的历史氛围，喜欢历史的人不可错过。

01 安纳托利亚文明史博物馆
安纳托利亚历史文物和古代文明的展示

在土耳其，安纳托利亚文明博物馆的重要性仅次于伊斯坦布尔考古博物馆，因馆内藏品以安纳托利亚半岛出土的文物为主，并且以安纳托利亚的古代历史为主轴而得名。博物馆建筑的前身是一座15世纪的有顶集市，屋顶上面共有10个圆顶，经过改建成为了现在的文明史博物馆。在博物馆的展厅内，展品根据时代的不同，从旧石器时代到吕底亚时期按照逆时针顺序排列，展厅正中央是曾经在安纳托利亚历史上扮演非常重要角色的西台帝国的文物，博物馆的地下展厅中则是古希腊罗马时期的精美雕像。

TIPS

Sarailar Sokak　0312-3243160　15里拉　乘地铁在Ulus站下　8:30-17:00　★★★★★

02 哈吉-贝拉姆清真寺

安卡拉最令人尊敬的清真寺

位于罗马神殿附近的哈吉-贝拉姆清真寺是安卡拉最令人尊敬的清真寺,距离奥古斯都-凯撒神殿也很近。哈吉-贝拉姆是一位著名的穆斯林"圣徒",他在15世纪初期建立了Bayramiye苦行教派,而安卡拉就是这个教派的中心,因此这里被命名为哈吉-贝拉姆清真寺。清真寺始建于15世纪,到了18世纪时,清真寺又进行了重修,在建筑表面贴满了棕色的瓷砖,显得非常庄严,让人看了肃然起敬。现在的清真寺周围有很多卖宗教用品的商店,还设有喂鸽子区域,游客可以在那里买一些食物喂给鸽子吃。

TIPS

 İsmetpaşa Mh.,34270 Istanbul/Istanbul Province ★★★★

03 独立战争博物馆 赏
纪念土耳其共和国独立战争的博物馆

位于安卡拉的独立战争博物馆早在20世纪20年代以前,曾是早期的土耳其共和国全国国民议会召开的地方。这里在成为土耳其的第一个国会召开地之前,曾是"青年土耳其"党联合发展委员会的安卡拉总部。"青年土耳其"党曾在1909年推翻了苏丹阿上杜勒一哈米德二世的统治,并且试图把民主政治带到奥斯曼帝国。如今,这里成为了纪念土耳其共和国独立战争的博物馆,游客在这里可以看到很多与独立战争有关的照片、文件等资料,了解当年那场规模盛大的独立运动,还可以看到土耳其国会代表们聚会的房间,这些房间直到现在仍然保持着当时的陈设。

TIPS

📍Doganbey Mh.06030 Ankara, Turkiye ☎0312-3107140 🚇乘地铁绿线至Bevler站或Tandogan站,再向南步行约10分钟可到 🕐9:00-17:00 ★★★★

04 安卡拉大城堡 赏
位于安卡拉制高点的军事防御城堡

安卡拉大城堡矗立于安纳托利亚文明史博物馆附近的山丘上,是安卡拉全城的山坡制高点,于公元前2世纪时由古罗马人建造,主要的用途是军事防御。由于城堡地处战略要地,因此历经了多次战火的洗礼,先后被拜占庭人、波斯人、阿拉伯人攻占,如今只剩下了一些痕迹斑驳的断壁残垣,充满了历史的沧桑。这里的道路错综复杂,分为内墙和外墙两个部分,现在人们所看到的城墙都是奥斯曼帝国时期重新修建的,全部采用罗马时代留下的城墙石块修建而成。游客在这里可以登上古老的城墙,俯瞰美丽的安卡拉城市全景,想象这里曾经的辉煌和弥漫的硝烟。

TIPS

📍Doganbey Mh.06030 Ankara, Turkiye ☎0312-3107140 🚇乘地铁绿线至Bevler站或Tandogan站,再向南步行约10分钟可到 🕐9:00-17:00 ★★★★

05 罗马浴室遗址
典型的古罗马时期浴室 赏

位于安卡拉的罗马浴室始建于公元3世纪，是当时的罗马皇帝卡拉克拉为了祭祀医学之神阿斯库雷皮奥斯而修建的。直到20世纪40年代，浴室遗址才被挖掘出来，虽然罗马浴室经历了上千年的风吹雨打，只剩下了一些基础部分和一层部分，但浴室中留下的功能设施仍然清晰可辨，依然具有罗马浴室的典型特征，有更衣室、冷水池、温水池、热水池、蒸汽室等。而且每个房间还依稀能够看到精致美丽的装饰细节，可见古罗马人对沐浴是非常讲究的，而作为皇帝的卡拉克拉的生活也是非常奢侈的。

TIPS
Turkish the Urus areas Chang grams of Day Street　3里拉　乘地铁在Ulus站下　★★★★

畅游土耳其 · 安卡拉

06 凯末尔-阿塔图尔克陵园 赏
土耳其国父凯末尔的陵墓

凯末尔-阿塔图尔克陵园位于安卡拉市郊的一座小山上，又叫阿尼特卡比，是现代土耳其的国父凯末尔的长眠之地。凯末尔-阿塔图尔克去世于1938年，为了纪念这位国家民族的伟人，土耳其政府决定修建一座大型陵墓。陵墓建成于1950年，整个陵寝是由大理石建造而成的，非常宏伟壮观。凯末尔-阿塔图尔克陵园占地辽阔，环境优雅，包含有公园、广场、陵墓、两座塔及陈列凯末尔遗物的博物馆，平时也是当地居民休闲放松的好地方，更是到安卡拉旅游的外地游客不能不去的景点之一。除此之外，这里也是凯末尔当年的革命伙伴、土耳其第二任总统伊斯麦特安息的地方。

TIPS
Sehit Cengiz Karaca Mh.06460 Ankara, Turkiye 0312-2317975 乘地铁在Tandogan站下 ★★★★★

看点 01 自由塔&独立塔
墓园左右的高塔

走进凯末尔-阿塔图尔克陵园，游客可以看到左右两边有两座塔，分别是自由塔和独立塔。在自由塔前面，有一个雕像群，由三男三女组成，象征着土耳其社会各界人士，想以此来表达对国父凯末尔的崇敬之情。独立塔则主要用于陈列展示各种陵园建筑信息，以及凯末尔葬礼时的照片，吸引了许多游客前来参观。在两座塔外还有一条宽阔的石狮大道直通凯末尔陵墓的主体部分，这条大道两侧有24只石狮雕像，这些石狮雕像全部来自于西台帝国时期。

看点 02 荣耀大厅
凯末尔的陵墓所在

走过石狮大道，就可以来到一个由东西南北四条柱状回廊围出的一个四方形大广场，广场的正面就是荣耀大厅，即国父凯末尔的陵墓所在，也是整个陵墓建筑群的重点。在四面的回廊中陈列着与凯末尔相关的各种遗物、画像、公文等，还在门上贴有凯末尔的名言，并且定期更换。为了表示对凯末尔的尊敬，从这里继续向里走就要摘下帽子，因为里面就是摆放石棺的墓室。在庄严肃穆的陵墓区还有许多守陵的卫兵，游客在这里如果遇到卫兵交接仪式，进行操枪表演，一定可以一饱眼福。

07 哈图沙什遗址
古代西台帝国的首都 赏

哈图沙什曾是西台帝国的首都，如今已经被列为世界遗产。西台帝国在安纳托利亚早期的历史中具有重要意义，是一个能与埃及相匹敌的强大国家，因此许多人都对神秘的古代西台帝国感兴趣，就会来到哈图沙什遗址进行朝圣。如今的哈图沙什遗址中有连绵7公里的哈图沙什城墙遗址，以及狮子门、帝王之门、狮身人面之门等引人注目的城门，供游客参观游览，凭借这些残留的遗迹，可以感受到这里曾经的辉煌与繁华。除此之外，附近还有宗教胜地亚兹里卡亚的岩石雕刻等遗迹。

TIPS

📍 Sehit Osman Avci Ankara, Turkiye ☎ 0364-4522006 💰 5里拉 🚌 安卡拉乘开往Bogazkale的长途车可到 ⭐★★★

看点 01 帝王之门
哈图沙什城墙遗址东边的大门

位于哈图沙什城墙遗址东面的城门就是帝王之门，虽然名字如此，但实际上并不和帝王有关。在帝王之门的两边立有两座雕像，就像门神一样，保护着这里。这两座雕像是西台帝国中战神的形象，右手拿着斧头，腰上别着宝剑，非常威风，让坏人望而生畏。为了保护历史遗迹，如今人们所看到的雕像并不是真迹，而是后来建造的复制品，真正的雕像全都收藏在安纳托利亚文明史博物馆中。

畅游土耳其 安卡拉

看点 02 狮子门
哈图沙什遗迹最著名的部分

哈图沙什遗址中的狮子门面向西南方向,是整个哈图沙什遗迹中最有名的一座城门,也是保存最完整的一座城门。由于城门两边有两座石狮雕像,因此而得名为狮子门。在西台帝国时期,人们认为狮子是最厉害的,可以将各种恶邻都挡住,来保护城内的安全。虽然建于公元前13世纪的狮子门如今已经被损毁得看不出是一座拱门了,但石狮雕像依然能够让人们想象到这里曾经的威严姿态。

看点 03 狮身人面之门
特别的狮身人面像

狮身人面之门位于狮子门前面,由于城门两侧曾有两座狮身人面像而得名,经历了上千年的风雨,从外观上已经看不出城门原来的样子了。如今,这里只剩下一座狮身人面像复制品,两座真的遗迹被分别收藏在伊斯坦布尔的博物馆和柏林的博物馆中。这里的狮身人面像都是用石灰岩建造而成,雕像的身体部分与狮子门的狮子一样,头部是根据埃及神话中女神的样貌建造的。

看点 04 大神殿
西台帝国的神殿

在哈图沙什遗址中有一个凌乱的乱石堆,那就是曾经的大神殿,大神殿主要用于祭祀雷神特舒伯和太阳女神赫帕图。大神殿始建于公元前14世纪,在公元前12世纪被摧毁,整个神殿长165米,宽130米,规模非常宏大。人们可以从神殿遗迹中分辨出仪式厅、行政区、储藏室等区域,可以说这里是整个哈图沙什遗址中保存最完整的西台帝国的神殿建筑,尽管如此,人们依然很难根据这些乱石想象出曾经的大神殿华丽的样子。

看点 04 大堡垒
哈图沙什遗址中最核心的部分

哈图沙什遗址中最核心的部分就是大堡垒，这里曾是西台帝国的皇宫所在地，虽然现在人们已经看不出这个曾经的皇宫的华丽和壮观，但是从堡垒的遗迹中可以看出这里主要分为三个庭院部分。考古学家们曾在大堡垒遗迹中的皇室成员们日常生活的区域中发掘出许多珍贵文物，其中包括收藏在伊斯坦布尔的博物馆中的《卡迭石合约》，这是西台国王哈图西里三世与埃及国王拉美西斯二世所签订的，是人类历史上的第一份和平条约。

08 Zenger Pasa Konag
环境复古怀旧的特色餐厅

Zenger Pasa Konagi是安卡拉有名的一家特色餐厅，是用砖石堆砌而成的一座老式奥斯曼风格房屋，充满了浪漫的怀旧气息。餐厅内的装饰也非常复古典雅，透过窗户可以看到整个繁华的城市，让人感到非常舒适和惬意。这里主要经营各种土耳其的传统料理，味道鲜美，因此深受当地市民和游客的喜爱，特别是招牌菜大蒜酱烤肉和新鲜出炉的扁平面包，几乎是每桌必点，绝对能够让人大饱口福。除此之外，在晚餐时段还会有性价比较高的套餐供应，并伴有现场吉他演奏，非常有情调。

TIPS
🏠 Kale Mh.06240 Ankara, Turkiye　☎ 0312-3117070
★★★★

畅游土耳其 · 安卡拉

TURKEY GUIDE

Turkey

畅游土耳其
⑤

安卡拉周边

01 葛勒梅与葛勒梅露天博物馆
历史悠久的洞穴教堂和洞穴社区

葛勒梅在土耳其语中的意思是"你看不到",在基督教的历史上具有非常崇高的地位,为了让阿拉伯人看不到,基督徒们在巨石中挖出了教堂、房子和圈养牲口的洞穴社区,形成了共居、共同生活的文化,如今这些洞穴成为了卡帕多西亚地区著名的旅游景点之一,吸引了众多来自世界各地的游客。由于基督门徒圣保罗认为葛勒梅的环境非常适合训练传教士,因此选择在葛勒梅设立神学院,于是葛勒梅在4~9世纪成了小亚细亚的信仰中心。露天博物馆里的洞穴教堂保存有完整的宗教壁画,是葛勒梅坚定信仰的最好见证。保存在露天博物馆的教堂约有30座,全部都是9世纪后,躲避阿拉伯的基督徒们凿开坚硬的岩石建造的,这些洞穴教堂中的壁画都非常精美,可谓是艺术杰作。

TIPS
 Göreme Açık Hava Müzesi,50180 Nevşehir Merkez ☎0384-2712167 ◎15里拉 ★★★★★

看点 01 | 苹果教堂
具有代表性的洞穴教堂

苹果教堂内有4根柱子,中间是1个大圆顶,周围有8个小圆顶,还有3个半圆形的壁龛,整个教堂给人感觉非常开阔。圆顶上有一幅全部用红色颜料描绘的天使加百列像,非常罕见,因此非常珍贵,考古学家推测这幅壁画绘制于公元8世纪前后,至今已有上千年的历史。苹果教堂是葛勒梅露天博物馆中非常具有代表性的一座教堂,由于历史悠久,教堂名字的由来已经无从考证了,有传说是因为以前教堂门前有一棵苹果树,还有传说是由于教堂内的壁画大都是用红色的颜料绘制而成,就像一个个成熟的红苹果。

看点 02 | 蛇教堂
最具有代表性的壁画

在蛇教堂中,有一幅圣乔治屠龙的壁画,画中还有圣西奥多与圣乔治一起同巨龙进行战斗的画面,君士坦丁大帝和他的母亲则手持十字架站在一边。这幅壁画是教堂中最具代表性的一幅画,由于画中龙的形象很像蛇,因此教堂得名为蛇教堂。除此之外,教堂中还有一幅埃及传说中的圣女安诺菲利欧斯的壁画,这位圣女的形象非常奇怪,是一个具有女性特征、脸上长着白色胡须的半男半女形象,给参观过的游客留下了深刻的印象。

看点 03 | 黑暗教堂
保存完好的湿壁画

黑暗教堂的窗户很少,光线非常昏暗,因此被称为黑暗教堂。黑暗教堂内有许多壁画,全部都是《圣经》中让人耳熟能详的故事,包括《天使报喜》《祈祷图》《基督少年时》《被犹大背叛》《最后的晚餐》《耶稣被钉在十字架上》等,正是由于阳光很少射入黑暗教堂内,使得这里的壁画能够保持着鲜艳的色彩,而且画风也非常精美,让人惊叹不已。需要注意的是,参观黑暗教堂需要另外收费。

看点 04 圣芭芭拉礼拜堂
用红色颜料描绘的壁画

圣芭芭拉礼拜堂是建于公元8世纪时期的教堂,这里的壁画都非常简洁,线条明朗,而且大都采用红色的颜料绘制,用以表示对上帝的崇敬之情,就像苹果教堂一样。圣芭芭拉礼拜堂内除了以红色为主的壁画之外,还有许多湿壁画,包括《基督少年时》和《圣洁的玛利亚与圣芭芭拉》等,这些湿壁画的风格与红色的壁画略有出入,是后来才画上去的。

看点 05 圣巴西里礼拜堂
葛勒梅露天博物馆第一座教堂

走进葛勒梅露天博物馆，最先看到的就是位于入口处的圣巴西里礼拜堂。这座礼拜堂虽然规模不大，内部也很简陋，但墙上的壁画却非常精致，在礼拜堂的北侧墙壁上有圣西奥多的画像，南侧是圣乔治的骑马像，半圆形的圣龛上是耶稣像，圣龛旁边还有圣母子的画像。圣巴西里礼拜堂建于公元11世纪左右，经过了上千年的风雨，因此这些壁画都已经变得非常破旧了，但是仍能够从这些斑驳的壁画依稀辨别出它们曾经的华丽样子。

看点 06 纽扣教堂
位于露天博物馆外面的教堂

纽扣教堂位于葛勒梅露天博物馆的外面，又叫托卡利教堂，是整个葛勒梅露天博物馆中规模最大的一座教堂，虽然这里规模很大，但是因为所在位置的原因常常被游客错过。在纽扣教堂中到处都能看到画工非常精美的壁画，这些壁画记录了耶稣一生中经历过的一些主要事件。这些壁画在人物表情的刻画上非常精美，很多壁画都采用蓝色做底色，搭配红色和白色的线条，非常美丽，是艺术爱好者们不能错过的好地方。

看点 07 拖鞋教堂
《全能的基督》壁画

在拖鞋教堂左侧的墙壁上有一幅《耶稣升天》的壁画，非常有名，而且画中的形象十分生动，在这幅壁画下面有一个脚印，就像是有人穿着拖鞋踩过留下的印记，因此这座教堂就被叫做拖鞋教堂。拖鞋教堂的圆顶上还有一幅名为《全能的基督》的壁画，使用了许多红色的颜料，使得整个画面显得非常强烈，给看过的游客留下了深刻的印象，也使拖鞋教堂变得更加有名气，吸引了来自世界各地的众多游客前来参观游览。

02 乌奇沙保垒 赏
土耳其最具代表性的洞穴村落

乌奇沙在土耳其语中是"第三个堡垒"的意思,因为这是继厄古普堡垒和欧塔希沙堡垒之后的第三个洞穴村落,也是土耳其最具代表性的洞穴村落。在三个洞穴村落中,乌奇沙堡垒是地势最高、地形最险的一个,它挺立在一片平原上,由许多个圆锥形的巨岩相连形成了庞大的社区,在外敌入侵时,平时就在洞穴社区储存了水和粮食的居民,可以躲避数月不必外出。游客在这里可以看到巨岩上有很多洞口,那些就是过去人们所居住的洞窟。如果爬到乌奇沙堡垒的顶端,可以看到许多惊人的景观,视野非常开阔,各个山谷一览无遗,尤其是夕阳时分,景色最为壮丽,还可以看到不远处鸽子谷的自然奇景。

★ 鸽子谷
密密麻麻的鸽子洞

鸽子谷是一个天然的自然景观,在这幽美的山谷间,到处都是大块的岩石,岩石上布满了密密麻麻的鸽子洞。大的洞有两层楼高,可以和古人掘洞建造的房子相媲美。每天傍晚时分,成群结队的鸽子一起回巢,千鸽齐舞鸽子谷,场面煞是壮观。对于卡帕多西亚穴居的居民来说,鸽子所具备的不仅仅是传信的作用,鸽子粪也是人们日常使用农肥的来源。这里完全是鸽子的天然保护区,也是规模最大的鸽子饲养环保区。在鸽子谷的山谷之上有两棵古树,一棵树枝上挂满了"蓝眼睛",另一棵树枝上挂满了陶瓷瓦罐。

TIPS

- Nevsehir东7公里
- 2.5里拉
- 乘迷你巴士可到
- ★★★★

03 欧塔希沙保垒

巨型洞穴社区

在一片白色的房屋群中间,兀自挺立着一块高125米的巨大岩石,岩石上面布满了人们开凿出来的洞窟,这就是欧塔希沙堡垒,一个巨型的洞穴社区,曾是基督徒们躲避迫害的避难所。欧塔希沙堡垒是一个平头式的巨大石块,由于历史悠久,发生了崩塌现象,所以许多穴居的开口都清晰可见。登上欧塔希沙保垒的顶端后,可以将整个葛勒梅镇的美丽风光尽收眼底,还能看到远方高3916米的艾尔吉耶斯火山的白色雪峰,非常壮观迷人。在欧塔希沙保垒下面的小镇上有多座教堂,其中最有名的就是"柑橘洞",专门用来贮存柠檬、橘子、葡萄柚等柑橘类水果;还有一座卡帕多西亚文化生活博物馆,专门向游客介绍当地的风土人情和穴居生活。

TIPS

Ortahisar 0384-3433071(游客服务中心) 2里拉 ★★★★

畅游土耳其 · 安卡拉周边

04 恰乌辛
历史悠久的村落古迹 赏

由于岩山的崩落，使得原本是一座历史小城的恰乌辛在数十年前几乎废村，因此这里的居民全部移居到了现在的公路旁。在恰乌辛旧村落的崖壁上头，有一座约翰受洗教堂，可以算是卡帕多西亚地区最古老的教堂之一，吸引了许多游客前来参观游览，但这里并不是恰乌辛最有名的地方。公路边的恰乌辛教堂遗迹才是现在的观光客主要参观的地方，教堂里有精美的壁画，而且颜色也保存得比较好，虽然不及黑暗教堂的壁画颜色鲜艳，但色泽仍然存在，红、白、绿、褐等颜色的搭配，显得细致而古朴。在整座恰乌辛村落的后面，也有一些香菇头和烟囱形状的岩石，虽然并不出名，但从某些角度看，并不逊色于著名的景点帕夏贝。

TIPS

 Cavusin 4里拉 ★★★

05 策尔维户外博物馆
天然形成的雕塑博物馆

策尔维户外博物馆汇集了卡帕多西亚地区各种不同造型的仙人烟囱，以及美丽的自然景观，是一个天然形成的雕塑博物馆。所谓仙人烟囱，就是巨大的石块在上千年的风沙吹拂下，形成了各种各样的形态。这里的仙人烟囱形态各异，有白色、粉红圆椎形的小头胖身仙人烟囱，也有戴黑帽、穿黑衣的白脸仙人烟囱，让人叹为观止，不得不感叹大自然的神奇。户外博物馆由三个谷地形成，由高到低、由远而近，绵延数公里。策尔维在9~13世纪时曾是修道士修行的地方，直到1952年之前，都有人居住在这里，是一个非常完整的卡帕多西亚人的生活缩影。这里比较有名的教堂有鱼教堂、葡萄教堂和鹿教堂，都是因为教堂中的精美壁画而得名，吸引了许多游客前来参观游览。

TIPS
 Avanos, 50500 Nevşehir Province　15里拉　★★★★

06 帕夏贝
卡帕多西亚地区最漂亮的仙人烟囱

帕夏贝属于策尔维户外博物馆，是整个卡帕多西亚地区仙人烟囱最美、最可爱的地方。这里的仙人烟囱几乎全部都是多头式、尖帽式，非常特别，还有卡帕多西亚最高的仙人烟囱。这里很多高耸的玄武岩仙人烟囱上都开凿出了洞窟作为教堂，就在烟囱的仙人头像下面，其中有一个是在公元5世纪时，隐士圣西蒙的隐修场所，至今仍保留得非常完整。

TIPS
Pasaba　从恰乌辛乘车可到　★★★

07 阿瓦诺斯
卡帕多西亚地区的陶瓷小镇

逛

在阿瓦诺斯市中央有一条红色的河流流过，是土耳其最长的内陆河，由于水中富含铁质，因此河水呈红色。从这条红色河流中取出的土壤非常适合制作陶器，因此造就了卡帕多西亚地区的这个陶瓷小镇。在阿瓦诺斯有许多陶瓷工作室，游客在这里不但可以参观他们的工厂，观看美术人员在陶瓷器皿上描绘精美的花纹，还能了解如何利用西台帝国传承至今的古老方法进行制胚，更有庞大的展示厅供游客慢慢欣赏和采购。这里有不少工作室拥有悠久的历史，是从奥斯曼帝国时代起就为皇室贵族供应所需用品的老字号，至今仍是名厂名牌，在这里出产的陶瓷制品还会附上证明书，来增加它的价值。除此之外，阿瓦诺斯也是一个环境清幽的小镇，非常适合喜爱安静的游客前来休闲度假。

TIPS
- Ataturk Cad.No.55
- 0384-5114360（游客服务中心）
- Goreme乘公共汽车可到 ★★★★

畅游土耳其 / 安卡拉周边

08 于尔居普
历史悠久的小镇 逛

于尔居普过去曾叫做阿希亚那，位于特曼尼山脚下，是一个历史悠久的小镇，早在亚历山大大帝时代就出现了，一直绵延到了现在。于尔居普被各种形态各异的巨石包围，这些巨石的形态全部都是天然形成的，充分反映出大自然的鬼斧神工，让人叹为观止。现在的于尔居普已经不再是穴居生活，平地上建起的一座座住宅紧密排列。游客在这里可以爬上特曼尼山丘，寻找过去那些富豪们的洞穴住宅遗址和墓冢，感受当时的居住环境。除此之外，还可以登上山顶向远处眺望，欣赏整个于尔居普的美丽风光，以及周围神奇的自然美景。

TIPS
Urgup　0384-3414059（游客服务中心）　Goreme 乘公共汽车可到　★★★

看点 01 土耳其地毯工厂
于尔居普的支柱产业

制作土耳其地毯是于尔居普主要的支柱产业之一，游客在这里可以走进土耳其地毯的制造工厂，观看整个地毯的制作过程，包括羊毛毯的编织过程，以及丝毯从煮茧、抽丝、理丝、染丝到最后的编织过程，让游客能够了解到地道的土耳其地毯的价值。一般一件2米左右的土耳其丝毯需要两名女工编织两年时间才能完成，可见土耳其地毯的珍贵价值。

看点 02 于尔居普土耳其浴场
卡帕多西亚地区数一数二的土耳其浴场

在于尔居普主广场旁边有一座土耳其浴场，是卡帕多西亚地区有名的土耳其浴场，而且历史悠久，最早可追溯至古老的塞尔柱突厥时代。这里的土耳其浴非常传统和地道，搓洗和按摩的手法也都让人感到非常舒服。浴场内的装饰环境仍然保留着非常古老的样子，白色的环境可以让人感到放松。游客如果白天在于尔居普玩累了，晚上可以来到这里享受一次正宗的土耳其浴，是消除疲劳、放松身心的好去处。

09 地下城
赏
设施齐全、规模宏大的地下城市

卡帕多西亚的地下城是以前基督徒为了躲避阿拉伯人的迫害而修建的,并不是简单的穴居洞窟,而是一个设施齐全、规模宏大的地下城市,人们在这里可以生活自如,不得不让人感慨当人们身处绝境时所迸发出的智慧和力量。这座地下城的地貌千奇百怪,让人不敢相信这是属于人类的国土,于是人们又叫它精灵的世界。地下城中共有1200间石头小房子,最多可居住15000人,共分为8层,迂回曲折的走廊又低又窄,人在里面需要弯腰行走。在村子各处都有通往地下城的通道,走进地下城,就仿佛进入了一个复杂多孔的巨型瑞士干酪,到处都是洞,以及绕来绕去的小路,还有人们穴居生活的痕迹,各种储存油、酒和水的罐子,被油烟熏黑的公共厨房,牛棚马圈,深得不可思议的井,甚至还有学校,让人惊叹不已。

TIPS
Kaymakli,Nevsehir　15里拉　Nevsehir或Nigde乘公共汽车在Kaymakli站下　★★★★

畅游土耳其　安卡拉周边

123

10 苏丹罕商旅驿站
丝绸之路上商旅们的休息落脚地

安纳托利亚高原作为丝绸之路上的重要贸易通道，从古至今，一直是商旅们休息落脚的必经之地，因此建立了许多家驿站，如今都分布在土耳其的各个角落。苏丹罕商旅驿站是其中比较有名的一家，位于卡帕多西亚和科尼亚主干道之间，始建于13世纪塞尔柱突厥时代，是前往卡帕多西亚和科尼亚的商人们都会选择的落脚地。苏丹罕商旅驿站主要分为开放式和有顶的两部分，开放式的庭院用于炎热的夏季，而有顶的室内是冬天使用的，除此之外，驿站内的各种设施也非常齐备，清真寺、餐厅、浴池、房间等应有尽有，因此受到当时商旅们的欢迎和喜爱。

11 科尼亚阿拉丁山丘
风景优美、视野开阔的城市公园

位于科尼亚市中心的阿拉丁山丘草木茂盛，风景优美，是当地市民休闲郊游的好地方。这座山丘并不是天然形成的，而是在城市的发展和建设的同时，人们长年累月地将土堆在这里而形成的。登上阿拉丁山丘的顶端，视野非常开阔，游客在这里可以将整个科尼亚市的美丽风光尽收眼底，看着山下现代化和传统的风格融合在一起，让人不得不感叹时代的发展和社会的变迁。科尼亚市中有名的景点几乎都围绕在阿拉丁山丘周围，游客可以轻松地逛个遍，而且科尼亚的电车也是围绕着阿拉丁山丘运行的，是游客观光游览的好工具。

TIPS
 Sultanhan Kervansaray, Aksaray 科尼亚或卡帕多西亚乘长途车可到 ★★★★

TIPS
Konya, Alaaddin Bulvarı, Konya 乘电车在Alaaddin Tepesi站下 ★★★★

看点 01　阿拉丁清真寺
风格独特的清真寺

在阿拉丁山丘上的树林中，有一座阿拉丁清真寺，始建于13世纪，是由一位大马士革的建筑师设计建造的，采用阿拉伯建筑风格。如今，这座清真寺经过多次的修复、重建和美化，已经成为了一个融合了多种风格的建筑，非常独特，让人耳目一新。清真寺中有许多珍贵的古迹，包括从罗马时代的建筑上移来的石柱，使得整个清真寺就像一座石柱丛林，充满了浓郁的拜占庭风格，还有清真寺正中央的塞尔柱突厥时期的珍贵壁龛。

看点 02　木雕与石刻博物馆
精美的木雕石刻

木雕与石刻博物馆的前身是一座伊斯兰宗教学院，由于旁边有一座细长的宣礼塔，因此又叫做细长宣礼塔宗教学院。博物馆收藏的木雕和石刻作品以塞尔柱突厥时期的为主，造型精美，让人大开眼界。根据这些雕刻作品中经常出现的人、狮子、鸟、豹、双头鹰等动物和人的形象，可以看出，虽然塞尔柱突厥时代所信仰的宗教主要是伊斯兰教，但是这并没有影响当时的艺术创作，并没有禁止在艺术创作中出现人和动物的形象。

看点 03　卡拉泰博物馆
充满浓郁的宗教氛围

卡拉泰博物馆在塞尔柱突厥时代曾是一座宗教学院，始建于13世纪中期，如今用于收藏一些精美的艺术作品。博物馆的大门是用大理石堆砌而成的，上面雕刻有许多塞尔柱风格的浮雕作为装饰，虽然经过了几百年的风吹雨打，但浮雕的精美程度仍然令人感到惊叹。走进博物馆的大厅中，游客可以看到四周墙壁上刻有《古兰经》，下面还有一些规则的几何图形，上面写着先知们的名字，整个大厅给人感觉庄严肃穆，充满了浓郁的宗教氛围。除此之外，博物馆中还有许多精美的塞尔柱突厥时期的蓝色瓷砖，供游客欣赏，是来科尼亚旅游必到的景点之一。

12 梅芙拉纳博物馆
科尼亚最著名的旅游景点 赏

梅芙拉纳博物馆是科尼亚最著名的景点，它是一座清真寺，主体建筑有一个大大的圆顶，旁边还有一座高高的宣礼塔，是穆斯林的朝圣地。这里曾是伊斯兰教苏菲教派创始人杰拉雷丁·鲁米的修行地，如今，鲁米大师的墓地就在博物馆中，受到了穆斯林的无上敬仰。当初，杰拉雷丁·鲁米为了躲避蒙古人的入侵，辗转多地后来到了科尼亚，他不仅是伊斯兰教苏菲派创始人，也是苦行僧旋转舞修行方式的创始人，在伊斯兰世界中影响极大，因此每年都有超过150万的游客、信徒来这里朝拜他的陵墓，使得科尼亚成为了伊斯兰教圣地之一。在博物馆的中庭还有供信徒们净身使用的水池，具有悠久的历史，现在仍然能够使用。

TIPS

📍Selimiye Cad.Mevlana Mahallesi ☎0332-3511215 💰2里拉 ★★★★

看点 01 梅芙拉纳陵墓
杰拉雷丁·鲁米的墓地

梅芙拉纳陵墓就是伊斯兰教苏菲教派的创始人杰拉雷丁·鲁米的陵墓，他的石棺位于一座天蓝色的尖塔下方，因为他去世前曾对自己的信徒说过自己的坟墓不管怎么盖，只要不比蓝色的天空更华丽就可以了，所以信徒们就建造了这座与天空一样颜色的尖塔。为了显示鲁米的权威，他的石棺上还缠绕着巨大的头巾。在陵墓旁边是仪式厅，曾是旋转舞的表演场地，如今用来存放各种举行仪式时所使用的法器和乐器等。

看点 02 旋转苦行僧梅芙拉纳庆典
神秘的旋转舞仪式

由于杰拉雷丁·鲁米对伊斯兰世界具有重要的意义和深远的影响，因此被穆斯林们尊称为梅芙拉纳，在阿拉伯语中是"我们的导师"的意思。1273年12月17日，鲁米大师去世，这一天也被信徒们称为"梅芙拉纳与安拉的结婚之夜"，并举行了大规模的庆祝活动，叫做旋转苦行僧梅芙拉纳庆典。后来，每年的12月，科尼亚都会举办这项庆祝活动，世界各地的伊斯兰教苏菲教派的信徒都会相聚在这里，通过传统的旋转舞来表达对鲁米的崇高敬意，这使得科尼亚非常热闹，也吸引了许多游客前来欣赏这些庆典活动。

13 Begendik Merkezi 买
主营各种生活必需品的大型购物中心

Begendik Merkezi位于安卡拉最大的清真寺旁边，是一个大型购物中心。建筑外观采用圆顶尖塔的样式，从外面看，根本不像一个购物中心。这里主要经营各种生活必需品，游客在这里可以更加了解土耳其当地人的日常生活，而且物品价格也不高，是当地人经常光顾的大型购物中心。除此之外，Begendik Merkezi内还有许多餐厅，游客在这里还可以品尝到正宗地道的土耳其料理，因此受到了游客们的一致好评。

TIPS
Mithat Pasa Cad,Kocatepe ☎0312-4193232 ⏰9:30-22:30 ★★★

TURKEY GUIDE

畅游土耳其
❻

安塔利亚

　　安塔利亚是土耳其最具代表性的旅游胜地，整座城市被群山环绕，茂密的棕榈树构成一条条林荫大道，是游泳、冲浪、滑水、泛舟、爬山、滑雪的好地方。此外，城市里还有很多重要的历史遗迹，是人们访古探幽的绝佳去处。

01 安塔利亚考古博物馆
展示安塔利亚地区历史发展的博物馆

安塔利亚考古博物馆位于风景秀丽的城市海滨，收藏和展示了从旧石器时代到古罗马时代和奥斯曼帝国时代的各种珍贵文物和历史资料，这些文物全部都是从安塔利亚省以及附近地区出土的，而且大多都是价值连城的珍宝。游客在这里可以近距离欣赏到在佩尔格挖掘到的宙斯雕像，以及在附近罗马浴池遗迹中出土的雅典娜雕像，这些古希腊诸神的雕像雕刻技艺精湛，生动形象，而且保存完好，特别是头戴月桂冠的阿波罗神像，虽然经历了上千年的时光，但神情依然栩栩如生，具有极高的艺术价值，因此被奉为博物馆的镇馆之宝。除此之外，在这里还能看到许多石棺、陶器、圣画像等文物，因此吸引了许多来自世界各地的游客参观游览。

TIPS
Cumhuriyet Caddesi　0242-2385688　15里拉　乘电车在Muze站下　9:00-19:30，周一闭馆　★★★★★

看点 01 基督圣物室
丰富的基督教圣物

基督圣物室是安塔利亚考古博物馆中最受基督徒们敬仰的一个展室,主要用于展出从拜占庭时期遗留下来的各种圣物,包括各种银器和黄金画作等,其中最珍贵的就是圣尼古拉斯的遗骸。圣尼古拉斯就是传说中的圣诞老人,在11世纪时,位于德姆雷的圣尼古拉斯教堂中的石棺遭到偷窃,使他的遗骸散落在各处,安塔利亚考古博物馆中也只有少数几片,并不完整。

看点 02 石棺厅
各种精美的石棺

安塔利亚考古博物馆的石棺厅主要展示了从佩尔格出土的众多石棺,大多是2世纪时的珍贵历史文物,上面刻有精美的浮雕花纹,其中最引人注目的要数夫妻石棺和海格力斯石棺。夫妻石棺上面刻有许多神情严肃的古罗马普通人的形象,他们身穿长袍,让人们对当时普通人的形象有所了解。海格力斯石棺上则刻有神话传说中的大力神海格力斯在人间完成的12项任务,雕工非常精美。除此之外,石棺厅内还展示有古人为狗准备的小型石棺,做工也非常精美。

看点 03 罗马大理石雕像
种类繁多的古代雕像

安塔利亚考古博物馆中收藏和展示的古罗马时期的大理石雕像大多都是从佩尔格出土的,完成时间在公元2世纪左右,被认为是考古博物馆的精华,特别是《舞者》和《赫尔墨斯》这两座雕像,无论是雕工还是人物形态都可以算是古罗马时期的上乘之作。除此之外,博物馆内还有亚历山大大帝、哈德良、图拉真、宙斯、赫拉、阿波罗、维纳斯等其他雕像,也都非常精致,栩栩如生,受到游客们的欢迎和喜爱。

02 朱汀瀑布
风景优美、水量丰富的大瀑布

朱汀瀑布位于安塔利亚东南部的郊区，水量丰富，瀑布直接流入地中海，气势磅礴，水声隆隆，让人叹为观止。瀑布分为上下两区，上区瀑布在安塔利亚东北方切出一条14公里长的峡谷，景色迷人，还顺着瀑布地势串联出许多自然步道，让游客可以从不同角度感受瀑布万马奔腾的宏伟气势，也是山谷中徒步探险的好地方。在瀑布的下区则是由瀑布形成的水势湍急的河流，河边设立了许多餐厅，这些餐厅引流造景，搭建出许多独特的露天座椅，让顾客感觉仿佛置身在水中，一边用餐，一边欣赏瀑布美景。除此之外，在卡雷奇区的游艇码头还有游艇出发，游客可以在靠近瀑布的海面上近距离观赏瀑布，还可以乘坐游艇穿梭在断崖洞窟之间，直逼瀑布，感受水花四溅，非常有趣。

TIPS

Caglayan Mh.,07100 Muratpasa/Antalya　3里拉　★★★

03 安塔利亚旧城区
安塔利亚旧城区

安塔利亚的旧城区曾是卡雷齐城堡的所在地，因此曾经被称作卡雷齐。后来，这里的部分城墙被拆掉，周围变成了阿塔图尔克大街和Cumhuriyet大道，大道上有便捷的电车来回通行，而在被大道所围起来的旧城巷弄间却没有车马喧嚣，非常安静祥和。游客在这里可以漫步其中，感受当地特有的历史厚重感，还可以欣赏道路两边的古典建筑以及周围的美丽风光，让人感到非常休闲舒适。

TIPS
 Ataturk与Cumhuriyet大道环绕区域
乘电车在Muze站下 ★★★★★

畅游土耳其 — 安塔利亚

看点 01 | 钟塔
安塔利亚旧城区的地标式建筑

位于安塔利亚旧城区的钟塔是当地著名的标志性建筑，原本是安塔利亚古城墙的一部分，如今已经变成了一座单独的古建筑。钟塔呈五角形，塔身上斑驳的痕迹说明这里具有悠久的历史。从古罗马时期到塞尔柱突厥时期，再到奥斯曼帝国时期，这座钟塔都有不同的功能和用途，直到19世纪后，这里才被改建成钟塔。钟塔每天都会准点响起悠扬的钟声，非常高亢婉转，为人们提供报时服务。

看点 02 | 共和广场
新旧城区交界处的广场

安塔利亚的共和广场位于新城区和旧城区的交界处，中央矗立着一座土耳其国父凯末尔的雕像，被认为是共和广场的标志。共和广场周围的交通非常便利，游客可以将这里作为漫步旧城区的起点。由于共和广场的地势较高，因此视野非常开阔，站在共和广场向四周眺望，可以看到远处安塔利亚港内的点点白帆，也可以看到近处的充满土耳其传统风情的红色屋顶老式房屋，以及那些枝桠复杂的树木，构成了一幅美丽的古城风景画，让人流连忘返。

看点 03 | 意弗利宣礼塔
安塔利亚旧城区最显眼的建筑

意弗利宣礼塔高38米，周围都是低矮的土耳其传统老屋，因此成为了安塔利亚旧城区最显眼的建筑，也是安塔利亚旧城区的一个标志性建筑。宣礼塔的塔身呈红色，上面镶嵌有许多蓝色的瓷砖，非常美丽动人。宣礼塔建于13世纪的塞尔柱突厥时期，意弗利在当地的语言中是"凿子"的意思，与宣礼塔的形象非常贴切。宣礼塔旁边是意弗利清真寺，在安塔利亚旧城区具有非常重要的意义。

看点 04 | 奥斯曼之屋
奥斯曼帝国时期的古老建筑

在安塔利亚旧城区有许多奥斯曼帝国时期的建筑，造型和装饰古朴典雅，几乎都保持了以前的样子。如今，这些奥斯曼之屋有很多已经改建成了旅馆、民俗、餐厅、咖啡厅、手工艺品商店，以及博物馆等，被认为是古迹改建的典范。游客在这些奥斯曼之屋中间穿梭会体验到浓厚的历史感，安静祥和，好像穿越了时空，回到了过去，并且容易沉醉其中，流连忘返。

畅游土耳其 · 安塔利亚

看点 05 哈德良之门
罗马皇帝哈德良建造的拱门

在安塔利亚旧城区有一座白色的三重大理石拱门，是罗马帝国的皇帝哈德良在公元130年访问安塔利亚时建造的。这座城门虽然经历了上千年的风吹雨打，但仍然保存完好。城门造型与罗马的哈德良凯旋门非常相似，城门上还曾立有哈德良的雕像，在城门两边还有两座高塔，造型风格完全不同，分别是罗马和塞尔柱时期的建筑，因此形成了鲜明的对比。同时，这座哈德良之门也是安塔利亚旧城区的界限，走出这座城门就出了安塔利亚旧城区。

看点 06 罗马港湾
安塔利亚的生命线

位于安塔利亚旧城区西侧的罗马港湾从公元2世纪开始到20世纪末一直是安塔利亚的生命线，后来在罗马港湾的西面建立了一个新的港口，这个老港湾就变成了当地有名的旅游胜地。这里还保存有完好的古代城墙，并建有许多餐厅和咖啡馆，游客在这里可以一边欣赏海上美景，一边品尝美味的咖啡和当地美食，非常惬意。除此之外，游客在这里还可以乘坐游艇出海游玩，因此吸引了许多游客前来旅游。

04 佩尔格
土耳其著名的人文历史景观

佩尔格最著名的地标就是希腊、罗马的古遗迹，现存有两座古希腊时期的城门圆塔，虽然塔身已经有一半都损毁了，但仍是当地有名的标志性建筑。佩尔格主要经历了三个重要年代，分别是古希腊、古罗马和基督教文明时期。城门是古希腊时期的代表，到了古罗马时期，遗址面积得到了扩大，并且修建了运动场、剧院和浴室，而基督教文明时期则在佩尔格留下了许多教堂建筑。游客在这里漫步，可以感受到这些断壁残垣散发出来的历史厚重感，让人惊叹不已。因此，佩尔格成为了土耳其著名的人文历史景观，吸引了来自世界各地的众多游客前来参观游览，感受历史的气息。

TIPS
- 安塔利亚城东15公里
- 15里拉
- 安塔利亚Meydani或长途汽车站乘开往Aksu的巴士可到
- ★★★★

看点 01 罗马城门&希腊城门
古罗马时期留下来的城门遗迹

走进佩尔格遗址，首先看到的是古罗马时代遗留下来的罗马城门，罗马城门旁边就是希腊城门，虽然两座圆塔式的城门如今已经都有一半损毁了，但依然可以看出过去的豪华和辉煌。城门建于公元前3世纪，塔高约4层，门后还有一个椭圆形的庭院，里面摆放有许多神像。庭院的后面是献给罗马皇帝哈德良的一座拱门式建筑，名叫胜利之门。

看点 02 喷泉遗址
优雅的喷泉

从罗马大门进入佩尔格遗址后，在左面有一个喷泉遗址，周围都是断壁残垣，但中间的喷泉遗址仍然非常清晰，水池上还刻有精美的浮雕，可以想象这里过去曾是多么华丽和热闹。在喷泉水池后面原来是两层楼高的墙面，墙上设有神龛和维纳斯、阿尔忒弥斯、格莱西斯等众神雕像，现在这些雕像都被保存在了安塔利亚露天博物馆中，感兴趣的游客可以前去参观欣赏。

畅游土耳其　安塔利亚

看点 03　石柱大道
整齐划一的石柱

走过佩尔格遗址中的市集遗址，游客可以看到两排等长的圆柱，排列非常整齐，这就是著名的石柱大道。这里的石柱全部采用科林斯式风格，石柱的后面都是过去的商店等建筑。道路中央还有一条2米宽的水道，是当时重要的供水设施。在石柱大道旁边，游客还可以看到保存尚称完整的剧院，大约可容纳14000人，是一个混合了古希腊和古罗马风格的建筑。

看点 04　罗马浴场遗址
古罗马人洗澡的场所

　　古罗马人非常喜欢沐浴，因此浴场在罗马时代非常常见，在喷泉遗址旁边的就是古罗马人最喜爱的罗马浴场遗址。如今的罗马浴场遗址已经不再完整了，但从仅存的遗址中依稀可以辨别出更衣室、冷水池、热水池和休闲空间等部分，可见当时的古罗马人生活多么悠闲。在罗马浴场的地下还有完备的地下水系统，可以非常方便地为浴场输送冷热水，由此可见古罗马人的聪明智慧。

05 阿斯班多斯古城 赏
保存完好的古代剧院

阿斯班多斯古城因有一座保存完好的剧院而闻名于世,这座剧院建于公元2世纪,号称是全小亚细亚保存最完整的一个。剧院的观众看台依山势而建,造型就像半圆形的扇叶,被一条中央走道分为上、下两区,走道上还设有紧急通道可以疏散观众,在观众席下方两侧的洞孔是斗兽表演的动物专区。观众席上有一些座位上刻着名字,那是当时的贵宾席,两侧还有留给皇室家族、精英等贵客的包厢,整个剧院最多可容纳15000~20000名观众。剧院经常上演希腊悲剧、罗马喜剧和闹剧、音乐会等节目,还有斗兽表演秀,因此在当时非常受欢迎。剧院的两层楼原有40根石柱,一楼为爱奥尼亚式,二楼为科林斯式,在石柱与石柱之间还有神龛与神像做装饰,可惜这些神像如今已经不知去向。

TIPS

安塔利亚城东50公里　15里拉　安塔利亚长途汽车站乘开往Serilk的巴士可到　5月-10月8:00-19:00　11月-4月8:00-17:30　★★★★

06 Termessos古城
土耳其境内保存最好的古迹之一

Termessos古城位于安塔利亚郊区，隐藏在一个又深又高的峡谷里，是一座荒芜之城。这里曾经规模巨大，据说当地人非常勇猛善战，曾击退了亚历山大大帝的进攻，后来罗马人接受了当地人的要求，让他们成为了独立的盟国。如今，Termessos古城成为了土耳其境内保存最完好的古迹之一，周围是风景优美的古鲁克山国家公园，背靠森林覆盖的山脉，还有许多野生动物生活在其中。游客在这里可以一边欣赏大自然的美丽风光，一边感受四处散布的城市遗迹的历史气息，在这些断壁残垣中感受曾经的辉煌和繁华。而且古城遗迹的很多地方都不太容易到达，需要爬过乱石堆，走过险峻的小道。

TIPS
07800 Antalya,Turkiye　0242-4237416　5欧元
8:00-17:30　★★★★

07 锡德

旅游氛围浓郁的海滨小镇 逛

由于锡德紧临地中海地区,因此这里集港湾、海滩、罗马古迹、度假中心及购物中心于一身,是一个旅游氛围浓郁的海滨小镇。公元前2世纪时,锡德就因海盗在这里进行奴隶交易而逐渐发展起来,到了7世纪时,锡德曾被阿拉伯人焚毁,直到塞尔柱突厥时期,小镇才得到重建,很多原本倾倒的古迹,才得以完整保留下来。如今的锡德已经成为了土耳其著名的旅游小镇,有许多售卖旅游纪念品的商店,在这里游客可以买到具有当地特色的皮件、珠宝,以及手工艺纪念品等,因此吸引了来自世界各地的众多游客前来观光游览。

TIPS

 安塔利亚东北70公里　 0242-7531265(游客服务中心)　 10里拉　 安塔利亚长途汽车站乘Manavgat Seyahat巴士可到　 ★★★★★

畅游土耳其 | 安塔利亚

看点 01	**阿波罗与雅典娜神殿**

和大海互相映衬的神殿遗迹

在锡德小镇上向南走到海岸，就能看到挺立在废墟石块中的阿波罗与雅典娜神殿，如今的神殿尽管只剩下5根大理石柱子，显得有些破旧，但门楣带状装饰上的美杜莎头像依然清晰可辨，还有许多精美的花纹，可见这里曾经的豪华与辉煌。神殿遗迹的背后就是大海，因此经常会让人感觉仿佛置身在希腊爱琴海的小岛间，景色非常优美。而且，这里也是土耳其唯一与大海相邻的古希腊遗迹，因此非常值得一游。

看点 02 大剧院
锡德最重要的古迹之一

位于锡德的大剧院是当地重要的古迹之一,也是安纳托利亚地区现存的大剧院之一。这座大剧院始建于古希腊时期,规模宏大,最多可容纳15000多名观众,过去经常表演各种话剧、音乐剧、戏剧等,是当时人们主要的娱乐场所。如今的大剧院内设施保存比较完整,仍然能够分辨出乐队席和舞台等部分,让游客能够了解当时人们的业余生活,因此受到了游客们的欢迎和喜爱。

08 Vanilla Lounge
当地有名的美食餐厅

Vanilla Lounge是安塔利亚有名的美食餐厅,主要供应各种美味的意大利菜肴和地道的土耳其传统美食。这里的装饰布置时尚而且优雅,还设有露天座位,餐厅内的光线柔和,氛围静谧,让人感到非常轻松和舒适。这家餐厅的服务员英语流利,更加方便沟通,而且还会为顾客提供非常专业的,可以与营养师相媲美的点餐建议,为顾客省去了很多麻烦。除了餐厅内的装饰和服务非常让人满意之外,这里的美食料理同样让人称赞不已,特别是地道的土耳其烤肉、鸡肉披萨和南瓜汤,味道浓郁,肉质鲜美,汤汁更是回味无穷,深受当地市民和世界各地游客的喜爱。

TIPS

Hesapci Sokak Kaleici (Old City), Antalya 07100,Turkey 0242-2476013 ★★★★

畅游土耳其 · 安塔利亚

TURKEY GUIDE

畅游土耳其
Turkey

⑦

伊兹密尔

　　伊兹密尔是地中海沿岸最古老的城市之一，原名"士麦那"。这座城市是爱琴海文明的起源地之一，城里保留了大量的古代遗迹，如古罗马时期的市场遗址、奥斯曼帝国时期的清真寺、有近百年历史的钟楼、罗马大道、克泽勤朱卢克拱形水渠桥等，让人感受到这座城市的无限魅力。

01 科纳克广场
赏
游览伊兹密尔的最佳起点

在伊兹密尔的港口旁边有一个美丽的广场，周围是各种高楼大厦，中间还夹杂着几座漂亮优雅的古建筑，与传统的土耳其风格大相径庭，到处都充满了现代化色彩，这就是科纳克广场。伊兹密尔的各个公共机构、银行、百货公司、歌剧院群等建筑设施都汇集在广场周围，因此科纳克广场可以被看做该市的地标性广场，也是当地市民悠闲散步的好地方。而且，科纳克广场还是游览伊兹密尔的最佳起点，无论从科纳克广场向哪个方向走都能看到伊兹密尔的著名景点。科纳克广场的前方是湛蓝的大海，聚集了很多路边摊，游客在这里可以充分感受伊兹密尔的舒适氛围。除此之外，科纳克广场上还有一座仙人掌花园，各种各样形态各异的仙人掌让人眼花缭乱，值得一看。

TIPS
◎ Konak Meydani　◎ 乘巴士在Konak站下　⭐ ★★★★

看点 01 科纳克钟塔
伊兹密尔的精神象征

科纳克钟塔位于科纳克广场中央，被认为是伊兹密尔的精神象征，建于20世纪初期，是奥斯曼晚期的建筑。钟塔通体呈白色，还有许多精美的花纹，带有浓郁的奥斯曼风格。当时的奥斯曼苏丹为了督促土耳其人向欧洲人学习时间观念，就下令在全国建造了58座钟塔，科纳克钟塔是其中最漂亮的一座。现在由于科纳克钟塔周围都是高楼大厦，因此钟塔并不是很显眼，但在过去，科纳克钟塔是伊兹密尔最显眼的建筑之一，从城市各个角落几乎都能看到。

看点 02 科纳克清真寺
小巧而简朴的清真寺

科纳克清真寺同土耳其其他地方的清真寺一样，拥有高大的圆顶，而且装饰也非常精美，但规模没有其他地方的清真寺宏大，与那些大型清真寺相比显得更加小巧和简朴。科纳克清真寺的外面全部镶嵌着来自库塔亚的瓷砖，主体呈白色，带有蓝色的花纹，除此之外，没有其他复杂的花纹，就像中国的青花瓷一样，显得非常高贵优雅。

02 滨海散步大道 逛
伊兹密尔最悠闲浪漫的地方之一

滨海散步大道位于科纳克广场以北的港口旁边，是伊兹密尔最著名，也是最悠闲浪漫的地方之一。街道两边种有绿色的棕榈树，还开设了许多小商店，售卖各种具有当地特色的小工艺品和纪念品等，在面对大海的方向还有许多露天的座椅，游客在这里可以一边欣赏美丽壮观的海上美景，一边喝咖啡、聊天，或者喝茶、下棋，享受当地特有的悠闲生活氛围。由于伊兹密尔港口是面向西方的，因此傍晚时分在滨海散步大道还可以看到壮美的落日景观，看着金色的夕阳洒满蔚蓝的大海，这样如画的美景能够给每个人都留下深刻的印象，因此吸引了许多来自世界各地的游客。

TIPS

 Ataturk Caddesi 乘巴士在Konak站下 ★★★★

畅游土耳其 伊兹密尔

03 亚哥拉古集市
伊兹密尔著名的罗马时期古迹

伊兹密尔曾是古代丝绸之路的陆上终点，自古以来就是一个贸易中心。亚哥拉古集市是伊兹密尔著名的罗马时期的古迹，"亚哥拉"在希腊语中就是"集市"的意思。亚哥拉古集市始建于亚历山大大帝时期，曾在2世纪的一场地震中被损毁，后来的罗马皇帝马克·奥勒留进行了重建，使亚哥拉集市成为了伊兹密尔的中心贸易市场。虽然现在亚哥拉集市已经不复存在，只剩一片废墟，但人们依然可以从这片庞大的废墟看出这里曾经的辉煌和繁华。在如今的亚哥拉集市中仍然能够看到一排排科林斯式石柱，柱头的雕刻基本都保存完好，还有痕迹斑驳的建筑拱廊墙面，充满了历史厚重感。

TIPS
 Agora 35480 Konak/Izmir　3里拉　乘巴士在Konak站下　★★★★

04 塞尔丘克以弗所考古博物馆
收藏有众多古希腊和古罗马时期艺术品的博物馆

位于塞尔丘克的以弗所考古博物馆是当地著名的旅游景点之一，拥有非常丰富的馆藏，主要以古希腊和罗马时代的各种艺术品为主，包括雕塑、马赛克镶嵌画、湿壁画、钱币等，展现了这座小城的古老文化底蕴和背景。博物馆中的大部分雕塑和浮雕都是从以弗所出土的，包括哈德良神殿门楣上的带状浮雕、图密善皇帝的雕像、奥古斯都的雕像等，做工都非常精美，让人不得不对古人精湛的技艺感到震惊，吸引了来自世界各地的众多游客前来参观游览。

TIPS
 Ugur Mumcu Caddesi　0232-8926010　5里拉　★★★★

✱ 阿尔忒弥斯雕像
以弗所考古博物馆中最精华的部分

以弗所考古博物馆中的阿尔忒弥斯雕像被称为镇馆之宝，是博物馆馆藏最精华的部分。阿尔忒弥斯在希腊神话中是月神，被塑造成一位贞女的形象；在以弗所，阿尔忒弥斯非常受人崇拜和敬仰，并且被塑造成了一个丰饶女神的形象，全身共有一百多个乳房，造型非常奇特。这座雕像是公元1～2世纪时的作品，历史非常悠久，至今仍被塞尔丘克人当作城市的象征，受到塞尔丘克人的崇拜和敬仰。

05 卡迪菲卡城堡
视野非常开阔的著名旅游景点

卡迪菲卡城堡位于伊兹密尔郊区的山丘上，始建于公元前3世纪，是亚历山大大帝麾下的马其顿将军利西麦克斯建立的，是伊兹密尔重要的旅游景点之一。虽然交通不是十分便利，但这里的视野非常开阔，可以将整个伊兹密尔的美丽景观尽收眼底，

还能远眺一望无际的港湾，因此吸引了许多游客到这里观景。卡迪菲卡城堡先后经历了罗马、拜占庭、奥斯曼等多个历史时期，见证了这些帝国的兴盛和灭亡，始终在山顶守护着周围的百姓，虽然现在的城堡外墙上已经布满了斑驳的痕迹，但游客依然可以感受到这里曾经的辉煌和无限魅力。

TIPS
 Kadifekale 乘33路公共汽车可到

畅游土耳其 · 伊兹密尔

06 阿珊索尔塔
古老的电梯

伊兹密尔的南郊是犹太人的聚居地，建有许多古老的住宅，由于这里的地势陡峭，房屋大多是沿着山势建造的，因此街道之间的高度落差很大，对儿童和老人来说，爬楼梯非常不方便，因此一位犹太商人出资在这里建造了一座电梯，就是阿珊索尔塔。"阿珊索尔"在当地的语言中就是"电梯"的意思，这座古老的电梯如今已经成为了伊兹密尔地区著名的旅游景点之一，同时也是当地重要的历史建筑。在电梯的顶楼还有一座阿珊索尔饭店，拥有具有当地特色风味的美食和独一无二的观景视野，游客在这里可以一边欣赏伊兹密尔的城市景观和广阔无边的海上美景，一边享受浪漫的晚餐，因此吸引了来自世界各地的游客前来体验和享受这种悠闲惬意的感觉。

TIPS

Karstas, Izmir　☎0232-2612626　★★★★

07 考古博物馆&民俗博物馆
伊兹密尔最重要的博物馆

位于科纳克广场附近的考古博物馆和民俗博物馆都是伊兹密尔地区非常重要的博物馆,而且两座博物馆相毗邻,非常方便游客游览,是到伊兹密尔旅游不能错过的景点。考古博物馆主要收藏了许多希腊和罗马时期非常珍贵的文物,包括各种雕像、玻璃器皿、金属制品、银器,以及黄金珠宝等,大多是从亚哥拉古集市遗址出土的,还有拜占庭时期的玻璃器皿和珠宝首饰,都非常精美,展现了当时手工艺的精湛程度。民俗博物馆主要用于收藏各种土耳其民间工艺品,以及民俗活动和技艺资料,包括精美的贝尔加马和戈尔德斯地毯及其制作、骆驼节摔跤、印刷,以及各种传统服装的制作和刺绣等,其中最受游客欢迎的是奥斯曼帝国时期的服装展示和民居的陈设展示。

TIPS
Halil Pasa Cad,Bahri Baba Parkici　0232-4890796　8里拉　乘巴士在Konak站下　★★★★

08 圣约翰教堂
耶稣门徒圣约翰的陵墓所在地

圣约翰是基督教传说中耶稣的十二门徒之一,据说他生命的最后阶段就是在塞尔丘克度过的,福音书也是在艾亚索鲁克山上写下的,因此他的坟墓就设在艾亚索鲁克山上,是一座4世纪的古墓。拜占庭帝国的查士丁尼大帝于6世纪时在山丘上建造了一座圣约翰教堂,整体呈十字形,中间是一个大圆顶,周围有许多小圆顶,整个教堂规模宏大,在后来的多次地震中被损毁,如今只剩下一些断壁残垣,但人们依然可以在这些断裂的墙壁和圆柱上看到许多精美的花纹,可见这座教堂曾经的辉煌和豪华。

TIPS
Ayasuluk山丘　5里拉
★★★★

09 伊沙贝清真寺 赏
风格独特、保存完好的古建筑

伊沙贝清真寺始建于14世纪，是塞尔柱突厥时期和奥斯曼帝国之间的年代，因此清真寺的建筑既有塞尔柱突厥时期的建筑风格，又带有奥斯曼帝国的建筑风格。清真寺位于圣约翰教堂所在的山丘脚下，部分建筑材料来自于古代世界七大奇迹之一的阿尔忒弥斯神殿，内部的麦加朝拜圣龛则是采用大理石为原料打造而成。这座清真寺至今已有几百年的历史，外墙上布满了斑驳的痕迹，但是清真寺的内部仍然保存完好，功能完备，直到今天还会举行祈祷活动。而且，只要是非穆斯林祈祷时间，伊沙贝清真寺就会对游客开放，游客可以走进寺内进行参观游览。

TIPS
🏠 Selcuk 35920 Selcuk,Turkiye ★★★

10 以弗所古城遗迹
世界保存面积最大的古罗马城市遗迹

在土耳其境内有许多古罗马时代的遗迹,位于爱琴海边的以弗所古城遗迹就是其中之一,同时它也是地中海东部地区保存最完好、世界保存面积最大的古罗马城市,是体验和感受罗马时代生活的好地方。美丽的以弗所古城至今已有2000多年的历史了,始建于公元前9世纪,后来在亚历山大大帝时期开始建造成一座城市,历代的罗马皇帝都对这里进行了扩建,使这座城市发展到了顶峰,如今人们所看到的古城遗迹中,大部分都是罗马时期的建筑。以弗所古城遗迹一直以来都是游客造访土耳其时最钟爱的景点之一,如今已是联合国教科文组织列管的古迹之一。

TIPS
塞尔丘克西3公里 20里拉 ★★★★

看点 01 市政厅
以弗所古城遗迹中的中心建筑

以弗所古城遗迹中的市政厅是这里的中心建筑,始建于公元3世纪,后来在4世纪时被损毁,如今只剩下了一些断墙和石柱供游客参观。从这些断壁残垣中可以看出,市政厅内分为不同的办公室,而且都装饰有黑白两色的大理石,显得非常正式严肃,在每个厅中还摆有赫斯提亚女神的雕像,中庭中摆放的是阿尔忒弥斯女神的雕像,如今收藏在塞尔丘克以弗所考古博物馆中,是博物馆中的镇馆之宝。

畅游土耳其 — 伊兹密尔

看点 02 音乐厅
古罗马人欣赏音乐的地方

以弗所古城中的音乐厅曾是古罗马时期市政府高级官员的会议场所，始建于公元2世纪，同时也是举行各种音乐会的场所。音乐厅的中央区域是舞台，面对舞台的是观众看台，最多可容纳1400名观众。在看台和舞台中间是一个供乐团演奏的半圆形区域，罗马时期的音乐厅大都采用这种设计。看台后面是高墙，两边有入口，方便观众有序地进出音乐厅。这座音乐厅原本是有屋顶的，经过了上千年的风吹雨打，如今已经变成了一座露天的音乐厅了。

看点 03 曼努斯纪念碑
纪念古代的一次屠杀事件

过去的以弗所人曾帮助附近的庞特斯王国抵御罗马人的入侵,可是庞特斯人击退罗马人的进攻后却将以弗所地区的近80000名罗马人全部杀害。为了纪念这个血腥残暴的事件,曼努斯就在以弗所市政厅附件建造了一座纪念碑,并以曼努斯的名字来命名。曼努斯是古罗马时期著名的建筑师,也是当时城市建筑和水道桥梁建设等方面的专家,还是罗马著名的独裁皇帝苏拉的孙子,他建造的这座纪念碑寄托了对死难者的哀思,以及想要保护城市里的罗马子民的愿望,如今的纪念碑虽然已经残缺不全,但这种精神依然存在。

畅游土耳其 | 伊兹密尔

看点 04 图密善神殿与波里欧喷泉
规模宏大的神殿

图密善神殿位于曼努斯纪念碑的对面，面积约约5000平方米，是罗马皇帝图密善为了神化自己而建造的，他将自己塑造成了一个威武勇猛的大力士形象，非常强壮。如今的图密善神殿已经不复辉煌，只剩下了一些断墙残垣，但依然可以感受到这里曾经的豪华。在神殿中还有一座高7米的图密善皇帝的雕像，如今收藏在了以弗所考古博物馆内，供游客参观游览。在图密善神殿遗址旁边还有一座波里欧喷泉的遗址，上面带有圆拱，始建于公元1世纪，是以喷泉建造者的名字来命名的。

看点 05 克利特斯大道
以弗所古城遗址中最重要的道路之一

在以弗所古城遗址中，沿着斜坡向下延伸，一直通到远处港口的道路就是克利特斯大道，是以弗所古城遗址中非常重要的一条道路。克利特斯大道的下面是一个非常完备的下水道系统，承担着以弗所古城排出废水和污物的重要功能，同时还兼具运送木材和火种的功能，展现了过去以弗所人的聪明才智。现在的克利特斯大道两侧还有许多保存完好的建筑，主要是一些装饰华丽的富人豪宅，以及各种布置精致的商铺，在商铺的墙壁上还留有许多精美的壁画，地上还有漂亮的马赛克装饰，让人惊叹不已。

看点 06 图拉真喷泉
送给罗马皇帝图拉真的礼物

图拉真喷泉始建于公元2世纪初期，高约12米，为了供奉古罗马帝国安敦尼王朝第二任皇帝图拉真而建。虽然现在的图拉真喷泉只剩下了一些断墙残垣，但依然可以看出这里曾是一个气势宏伟的山形墙建筑，前面还有许多造型各异的喷泉，可以想象出这里曾经的辉煌，以及喷泉喷水时的壮观景象。

看点 07 赫克力士之门
进入克利特斯大道的必经之路

在克利特斯大道的前面有两根巨大的石柱，上面刻有精美的赫克力士雕像，这就是进入克利特斯大道的必经之地——赫克力士之门的遗址。赫克力士之门是当时区别以弗所的贵族居住区和平民居住区的标志，也是保护克利特斯大道另一边的政府重地的一项重要设施。如今，游客在这里不仅能看到刻有赫克力士的石柱，还能看到原本装饰在门拱上的胜利女神尼克的雕像。

看点 08 哈德良神殿
柯林斯式神庙的代表

以弗所古城遗迹中的哈德良神殿是为了罗马皇帝哈德良建造的，采用柯林斯式建筑风格，是以弗所古城中柯林斯式神庙的代表。虽然神殿历史悠久，但大部分建筑都保存良好。在神殿正面拱门的中央刻有胜利女神尼克的雕像，神殿内墙的廊柱上刻有许多希腊神话中的人物，还有讲述特洛伊战争中希腊人和亚马逊女人国的军队战斗故事的壁画，神殿内墙的正面还有蛇女美杜莎的雕像，神殿的设计者希望能够通过这些强大的神话人物形象来保护神殿不受侵犯。

看点 09 塞尔瑟斯图书馆
以弗所古城遗迹最具标志性的建筑

塞尔瑟斯图书馆位于哈德良神殿右侧，是以弗所古城遗迹最具标志性的建筑之一，建于公元2世纪，是当时的一个罗马领事官继任父亲塞尔瑟斯成为以弗所的总督后，为了表达对父亲的纪念而建造的，而且图书馆就建在他父亲的墓地上面。塞尔瑟斯图书馆的规模宏大，当时曾是小亚细亚地区的第二大图书馆，馆内曾收藏有12000余册图书。如今的图书馆经历了上千年的风吹雨打，早已变得破败不堪，只有大门依然挺立，吸引了许多游客前来参观游览。

看点 10 大理石大道
曾经是以弗所最热闹的集市

　　大理石大道位于塞尔瑟斯图书馆的右侧，也是以弗所古城中的一条重要街道，曾是以弗所最热闹繁华的集市，一排排的商铺和摊位排列整齐，叫卖声此起彼伏。如今的大理石大道经过了上千年的风雨洗礼，只剩下一段段石柱遗迹和一堆堆的乱石，人们还是可以从这些断壁残垣中想象出这里过去的繁华。大理石大道向前一直延伸，能够延伸到以弗所的港口，这个港口曾是世界各地的罗马人和北非人等来以弗所做生意的必经之地。

看点 11 修拉斯提卡浴场
以弗所古城遗迹中最大的公共浴池

　　以弗所古城遗迹中的修拉斯提卡浴场是一个规模宏大的公共浴场，位于哈德良神殿的后面，始建于公元1世纪，曾在地震中遭到损毁，后来是由一位名叫修拉斯提卡的女子将这里重建为一座三层楼高的拜占庭式浴场。如今，游客在这里只能看到这座大型浴场的部分遗址，在浴场前往大剧院的路上还有一座不完整的修拉斯提卡雕像。

畅游土耳其 · 伊兹密尔

看点 12 港口大道
通往港口的大道

港口大道位于以弗所大剧院外面，一直延伸到当时的港口，全长约500米，宽11米，曾是一条繁华的街市，道路两边是各种商铺，过去从港口运来的货物都是从这里送到各个商铺的。虽然如今这里只剩下了一些商店的遗迹，但是游客依然可以想象到这里曾经的繁荣景象。由于罗马皇帝阿卡迪乌斯曾重修过这条街道，因此这条街道也叫做阿卡迪乌斯大道。

看点 13 大剧院
以弗所最宏大的建筑之一

以弗所古城遗迹中的大剧院是这里规模最宏大的建筑之一，是沿Panayir山的山势而建的，最多可容纳25000名观众。这里曾是罗马时期的主要节日庆祝场地，还经常举行各种戏剧和音乐会表演，到了罗马时代晚期，这里还举办过角斗士的表演。大剧院始建于公元前3世纪，结合了古希腊和罗马时代的建筑风格，采用半圆形的整体结构和拱形的入口。据说耶稣的门徒保罗曾在这里进行教义宣讲，但是遭到了当地人的反对和抗议。

11 阿尔忒弥斯神殿遗址
古代世界七大奇迹之一

阿尔忒弥斯神殿位于土耳其的以弗所，濒临风景迷人的爱琴海，是土耳其著名的古代建筑遗迹，被称为古代世界七大奇迹之一。阿尔忒弥斯神殿是一座长方形的白色大理石建筑，高25米，占地面积约6300多平方米。整个神殿的回廊共有137根大理石圆柱，每根圆柱高约20米，底部直径为1.59米，使得整个建筑看上去就像是一个廊柱之林，让人感到庄严、恬静、和谐。大理石圆柱的柱身上还刻有形态各异的人物浮雕，造型优美，形态逼真，栩栩如生。神殿曾经历了7次摧毁和7次重建，如今人们只能从残存的建筑物地基和石柱遗迹中，想象它当年的雄姿。陈列在以弗所博物馆内的阿尔忒弥斯神塑像就是从这里出土的，是世界上发现的阿尔忒弥斯雕像中最古老、最完整的一个，具有非常高的艺术价值。

TIPS
 Ataturk Mh.,35920 Selcuk/Izmi ✪★★★★

畅游土耳其 · 伊兹密尔

12 圣母玛利亚之屋
圣母玛利亚晚年居住的地方

圣母玛利亚的晚年是在以弗所度过的，居住在以弗所古城的后面，环境非常清幽。如今，圣母玛利亚之屋已经被改建成了一座小礼拜堂，墙上的石块上画有曲折的红色线条，代表的是小屋6世纪初建时的高度，而红线以上则是后来改建修筑的部分。走进礼拜堂，首先看到的是一座圣母玛利亚铜像，圣像前摆放着鲜花和蜡烛，气氛非常神圣庄严。这里对于基督徒来说是一个圣地，受到无限的敬仰。对于穆斯林来说，玛利亚就是Meryemana，她所生的基督耶稣也是穆斯林们所敬仰的圣人和先知之一，因此每年都有成千上万的基督徒、穆斯林和世界各地的观光客前来参观朝圣。

TIPS
🏠Selçuk,35920 Izmir Province ☎0232-8941012 💰12里拉 ★★★★

13 徐林杰山城
环境优美的山间小城

塞尔丘克东面郊外的徐林杰山城以出产美味清香的水果酒而闻名于世,自然风景非常优美,随处可见葡萄、水蜜桃、苹果、橄榄等水果园分布在两旁的山丘上,并且随风飘来阵阵香气,让人很容易陶醉其中。徐林杰山城内的主街道是到这里的游客们聚集的中心,因此街道两边都是各种酒馆、小餐厅、纪念品小店等,还有卖香料、橄榄制品的小商店,供游客购买当地特色产品。这里盛产草莓、苹果、哈密瓜等十几种口味的水果酒,口味独特醇厚,让人意犹未尽,非常享受。除此之外,由于徐林杰山城的位置偏僻,环境清幽静谧,因此吸引了许多原本居住在土耳其大都会的艺术家移居到这里,游客穿梭在山城交错的小径中时,可以发现这些艺术家的画廊及个性小店等。

Sirince, Izmir ★★★★

畅游土耳其 — 伊兹密尔

14 库沙达瑟
充满了浓郁希腊风情的旅游度假胜地 逛

位于爱琴海边的库沙达瑟是当地有名的旅游度假胜地，充满了浓郁的希腊风情，依山傍海的海湾数千年来一直都是富豪名流们的度假天堂。这里港阔水深，因此也是地中海的巨型游轮停泊的主要港口。库沙达瑟是一座古老的城市，古希腊时期的入侵都是从这里进入的，著名的特洛伊战争也发生在这个地区，山顶上还保留有当时的遗迹。在库沙达瑟附近还有普利艾尼、米利都、迪迪姆等古迹，游客可以从库沙达瑟出发前往这些景点进行游览。到了晚上，库沙达瑟市内灯火通明，一家家的高级酒店将这座小城点缀成了一个不夜城，与天上的星星相互辉映，形成了一道亮丽的风景线。

TIPS
 Kusadasi ★★★

✱ 爱琴海岸
热闹的海岸风光

爱琴海是地中海东部的一个大海湾，在希腊和土耳其之间，拥有许多岛屿，因此又被称为"多岛海"。同时，爱琴海也是黑海沿岸国家通往地中海以及大西洋、印度洋的必经水域，在航运和战略上都具有重要地位。人们常将爱琴海比喻成人间天堂，阳光照耀下的爱琴海犹如一面明镜，倒映出天堂的色彩，轮船掀起的浪花划过海面，与海岸边的白色房屋遥相呼应，道路两旁还有许多古老的建筑，各种植物从阳台上垂下，构成了一幅非常美丽的海湾风景画。爱琴海岸不仅风景秀美，气候宜人，还有充足的阳光、舒爽的海风，巨大的游轮和白帆停泊在海湾中，点缀着湛蓝的大海，使大海显得更加纯净。

15 Yengec Restaurant
物超所值、菜肴美味的海鲜餐厅 吃

Yengec Restaurant 位于伊兹密尔中央公园附近，是一家海鲜餐厅。餐厅共有两层，还设有露天座位，可以一边用餐，一边欣赏室外美景。餐厅内的装饰布置极具现代感，让人感到非常舒适，而且服务态度也非常友好，给人一种亲切的感觉，再加上各种美食料理的味道正宗，质量上乘，因此在这里用餐被游客认为是一次物超所值的体验经历。这里最招牌的料理是章鱼沙拉和炸鱿鱼，几乎是每个顾客到这里用餐都会点的小吃，除了各种美味的海鲜料理外，还有非常可口的酥糖和冰淇淋等甜点，以及许多种类的土耳其葡萄酒供游客选择。

TIPS
Ataturk Cad. 314/A 1 | Kordon Alsancak, Alsancak Vapur iskelesi Karsisi, Izmir, Turkey 0232-4645757 ★★★★

16 Sipahi Okey
传统土耳其纪念品专卖店 买

Sipahi Okey 是一家旅游纪念品商店，许多到伊兹密尔旅游的游客都会到这里淘一些传统的土耳其纪念品，不论是自己收藏还是赠送亲朋好友，都是不错的选择。这里有像精致可爱的西洋双陆棋一样的各种娱乐休闲用具，也有带有当地特色风情的珠子饰品，做工也很精美，还有许多农副产品和各种香料食材，让游客即使回到家中也能吃到传统的土耳其风味，因此广受世界各地游客的喜爱。

TIPS
Konak Mah.853. Sok. 6, Kemeralti /konak/Izmir, Turkiye 0232-4459820 ★★★

17 肯梅拉尔特市场大街
商品种类齐全的购物街 买

游客在肯梅拉尔特市场大街可以看到各种迷人的古董、珍贵精美的珠宝饰品、高品位的时尚服装，以及伊兹密尔当地盛产的无花果、葡萄干等特产，这里还有许多海鲜餐厅，为游客提供各种新鲜美味的海鲜料理，特别是当地特产的特拉查和奇普拉两类海水鱼，非常值得一尝。因此，这一条商品种类非常齐全的购物街吸引了许多来到伊兹密尔旅游的游客，也受到了当地市民的喜爱，成为了人们经常光顾的一条街道。

TIPS
Konak Mh. 35250 Konak, Izmir, Turkey 乘巴士在 Konak 站下 ★★★

畅游土耳其 — 伊兹密尔

TURKEY GUIDE

Turkey

畅游土耳其 ❽

爱琴海沿海

爱琴海是一片充满着浪漫气息的海洋,它位于土耳其西部,与地中海相连,爱琴海岸有着土耳其最为秀丽的自然景观和拥有5000年历史文化与神话遗产的古代文明。

01 特洛伊木马
《特洛伊》电影中的经典场景

《荷马史诗》中特洛伊木马的故事是大家非常熟悉的,曾经被改编成了电影、小说、戏剧等各种版本。由著名影星布拉德·皮特饰演希腊武士阿基里斯的电影《特洛伊》,也同样非常有名,相信许多看过这部电影的游客一定对这只停在恰纳卡莱港口边的木马非常熟悉,因为这就是电影拍摄时所使用的木马。在电影拍摄结束后,这匹巨大的木马就留在了这里,取代了过去游客一提起"木马屠城"的木马,就想到的那只停在特洛伊遗址门口的木马,恰纳卡莱也从此多了一个新景点。这匹木马做工非常精良,而且规模非常巨大,从港口外就可以一眼看见,吸引了许多游客在这里拍照留念。

TIPS

Cumhuriyet Meydani ★★★★

02 奇梅里克堡垒与军事博物馆

奥斯曼苏丹建造的城堡

奥斯曼帝国苏丹穆罕默德二世在占领伊斯坦布尔之前,为了能够掌控达达尼尔海峡,于1452年在海峡的两岸建造了两座城堡,分别是位于恰纳卡莱的奇梅里克堡垒和位于欧洲的基里巴赫尔城堡。现在,奇梅里克堡垒已经被改建成为一座军事博物馆,主要分为三大部分,分别是一艘已经退役的布雷舰,一个图片展示室,以及堡垒建筑本身。停靠在港口岸上的布雷舰在第一次世界大战的著名战役加里波里战役中,曾扮演了英雄的角色;图片展示室则是一栋面朝大海的建筑,具有晚期的奥斯曼建筑风格,陈列着一些恰纳卡莱的老照片和画作供游客参观;堡垒建筑本身没有什么特别之处,在城墙周围安置有第一次世界大战留下的英制、德制和法制大炮,游客在这里还可以爬上堡垒高处,眺望美丽的达达尼尔海峡风光。

TIPS
📍 Fevzipaşa Mh., 17100 Çanakkale/Çanakkale Province ☎ 0286-2131730 💰 5里拉 ★★★★

03 恰纳卡莱考古博物馆
古老的特洛伊文化展馆

恰纳卡莱考古博物馆是当地有名的博物馆，馆内收藏和展出的各种珍贵文物几乎都是从特洛伊遗址和阿索斯出土的，包括水晶护身符、狮子头、女人头瓶盖、高脚杯、红土陶器等。博物馆里的多数展品都没有标示解说，因此会给游客的参观带来一些不便，不过相较于满是断壁残垣的特洛伊遗址来说，这里所展示的各种文物还是能与古老的年代稍微产生一点联结，让游客能够更近距离地感受到古老的特洛伊文化。除此之外，博物馆内还有衣饰，罗马、拜占廷、奥斯曼等时期的钱币，以及一个公元前6世纪的石棺展出，供来自世界各地的游客进行参观游览。

TIPS
📍 Barbaros Mh., 17020 Çanakkale/Çanakkale Province　☎ 0286-2176740　💰 5里拉　⭐⭐⭐⭐

04 特洛伊遗址 赏
神话传说中的特洛伊古国

希腊神话中的特洛伊战争是人们耳熟能详的故事，长久以来，人们一直对特洛伊是否真实存在抱有怀疑的态度。1871年德国的著名业余考古学家谢里曼在达达尼尔海峡南面发现了特洛伊遗址，才使这个神话野史得到了实质性的根据。对考古学家来说，特洛伊对了解欧洲文明的起源，以及荷马长篇史诗《伊利亚特》对西洋文明2000多年的深远影响，都有极大的贡献。从特洛伊遗址中出土了许多珍贵的历史文物，这些文物是小亚细亚文明与地中海文明相互接触、交融的重要证明，同时也证明了公元前12至13世纪爱琴海文明消长的趋势。特洛伊遗址深达9层，各个文化层都清楚显示了每个时代不同的发展情况，最底层可追溯到公元前3000年，而最上层则是罗马帝国时期的遗迹。

TIPS

Tevfikiye Koyu Intepe/Canakkale, Turkiye　15里拉　恰纳卡莱乘专线小巴可到　★★★★★

✱ 木马
特洛伊木马

在特洛伊遗址的门口有一匹巨大的木马，与港口处的木马造型完全不一样。这匹木马建于20世纪70年代，全部是采用木板拼搭而成的，约有两层楼高，就像一匹真正的骏马一样矗立在特洛伊遗址的入口处。游客在这里可以通过木马内部的楼梯爬到木马马背上一个小阁楼似的建筑，体验神话故事中希腊士兵们潜伏在木马内的感觉。

畅游土耳其 · 爱琴海沿海

05 贝尔加马
繁荣一时的希腊系王国

小亚细亚最重要的一次大规模的文化运动就是由亚历山大大帝带来的希腊化运动，贝尔加马在公元前3世纪到公元前2世纪时，曾是一个由亚历山大大帝统治的繁华的希腊系王国，能够与埃及的亚历山大相媲美，是当时的文化和艺术中心。亚历山大大帝死后，帝国被分裂，他的几名将领瓜分天下，但希腊化运动并没有停止，反而融合了每个地方的文化特质，带来了希腊化时代最具代表性的贝尔加马风格。曾经显赫一时的贝尔加马王国是爱琴海边的文化、商业和医药中心，可以与以弗所分庭抗礼，如今，这里只剩下了一片废墟，但规模仍然相当庞大。贝尔加马遗址主要分为南边的医神神殿和北边的卫城两大部分，两地相距8公里，可见过去的贝尔加马有多么繁华。

TIPS
🏠 Yeni Hukumet Konagi Zemin Ka ☎ 0232-6312851 💰 20里拉 🚌 Izmir乘巴士可到 ✿ ★★★★

看点 01 红色大教堂
通体红色的教堂

《圣经》中提到小亚细亚地区有7座教堂，位于贝尔加马市中心的红色大教堂就是其中之一。红色大教堂始建于公元前2世纪，地处医神神殿和卫城的中心点，长约60米，宽约26米，因教堂外墙呈红色而得名红色大教堂。这座教堂原本是为了祭祀埃及塞拉匹斯和伊西斯的神殿，后来到了拜占庭帝国时期被改建为教堂。如今的红色大教堂经过了千年的风雨洗礼，只剩下了三面断壁供游客欣赏，却仍然充满了深厚的历史底蕴。

看点 02 医神神殿
庞大的医疗中心

位于贝尔加马遗址南部的医神神殿大约建于公元前4世纪，规模非常宏大，而且当时远近闻名，有水疗、泥疗、蒸汽浴、按摩，还有催眠、解梦等心理治疗，可以说是一个医疗中心，许多人都会不远千里到这里接受医疗，放松身心。如今的医神神殿经历了千年的历史，过去的辉煌已不复存在，只剩下了一些断壁残垣，充分展现了历史的无情。

畅游土耳其 爱琴海沿海

看点 03 | 卫城
拥有众多神殿建筑的遗迹

贝尔加马的卫城建在遗迹北部280米高的岩层上，居高临下，可以俯瞰整个城市，也可以远眺美丽浪漫的爱琴海风光，景色美不胜收。虽然这里与著名的雅典卫城同名，但风格完全不同，这里有宙斯祭坛、雅典娜神殿、酒神神殿、图拉真神殿、大剧场，以及曾是世界第二大的图书馆等，大剧场有台阶式的观众席，最下面是古希腊风格的舞台，整个剧场的落差和开阔的视野都使人赞叹不已。虽然这里的大部分建筑都只剩下了断壁残垣，但仍然可以看出这里曾经的辉煌。

06 | 帕穆克卡莱 赏
伊兹密尔著名的奇特自然景观

帕穆克卡莱位于伊兹密尔西南部的山区，是土耳其有名的自然景观，由于这里的景观奇特，远看像是白色柔软的棉花团，其实是坚硬的石灰岩地形，而且是由整个山坡构成，一层又一层，形状非常像一座城堡，因此又被称为"棉花堡"。帕穆克卡莱的独特自然景观吸引了来自世界各地的众多游客，每年都有数百万游客前来参观游览。除此之外，帕穆克卡莱地区还有许多温泉，从洞顶流下，将山坡冲刷成阶梯状，平台处的泉水蓄成水塘，让游客可以坐在里面泡温泉，解乏又健康。由于富含矿物质的温泉水的沉淀，这里的山坡像露天溶岩一样呈现白色，非常壮观。在帕穆克卡莱附近还有耶拉波利斯遗址，是欣赏古罗马和古希腊建筑遗址的好地方。

TIPS
- Pamukkale ☎ 0258-2722077（游客服务中心）
- lzmir乘巴士或火车可到 ★★★★

看点 01 石灰棚
白色的石灰棚景观

石灰棚就是一片白色的岩石层层堆叠，所组成的像梯田一样的自然景观，同时也是"棉花堡"这个名字的由来。在这片岩石中间还会有汩汩的温泉涌出，这里的岩石经过富含碳酸钙的温泉水数千年的冲刷、沉淀和积累，最终变成了现在人们看到的白色。当阳光照射下来的时候，泛着蓝光的泉水与像棉花一样的白色岩石相互映衬，形成了一道独特的自然景观，让人不得不感叹大自然的鬼斧神工。

看点 02 帕穆克卡莱温泉
和千年古迹近距离接触

在帕穆克卡莱景区的中央就是著名的帕穆克卡莱温泉，这里曾是耶拉波利斯遗址中阿波罗神殿的一部分，在温泉池底还有许多大理石柱。帕穆克卡莱温泉中含有各种碳酸盐、硫酸盐、钙、二氧化碳、镁、钠、氡、铁等元素，温度从37℃到57℃不等，既可以饮用，也可以沐浴，而且对许多病症都有一定疗效，因此，每年都会有数百万来自世界各地的游客在这里泡温泉，消除疲劳，缓解病症。

畅游土耳其 爱琴海沿海

07 耶拉波利斯遗址 赏
古老的耶拉波利斯文明

在整个爱琴海和地中海东岸地区，各种古代文明都是大同小异的，只是某些掺杂的元素会有一点变化。因此，对于已经去过贝尔加马、以弗所等古迹的游客来说，一定会觉得耶拉波利斯遗址有一种似曾相识，但似乎又有些许不同的感觉。耶拉波利斯遗址将古希腊、罗马、犹太、早期基督教等文化元素融合在一起，最终以土耳其安纳托利亚当地的风格展现出来。耶拉波利斯最早可以追溯到公元前190年，是贝尔加马国王尤米尼斯二世建立的，后来曾被罗马、拜占廷等帝国统治过。除此之外，这里还有一个大型的犹太社区，以及早期基督教徒的聚会场所，不幸的是这些建筑后来都在地震中被损毁。

TIPS
Denizli Merkez, 20280 Denizli Province　20里拉
★★★★

看点 01 拜占庭教堂
遗址中规模最大的教堂

耶拉波利斯遗址中规模最大的教堂就是拜占庭教堂，早在古罗马时代，这里曾是一个大型公共浴场，到了拜占庭帝国时期，才被改建成一座教堂。因此，在教堂遗址中能够看到许多罗马时代的浴场设施。如今的拜占庭教堂遗址只剩下了一面墙，以及一些乱石堆，墙上还有两个巨大的拱门，让人可以想象到这里曾经的辉煌和热闹。现在的游客看到这个昔日风光无限的教堂遗迹，无不为之感慨和唏嘘。

看点 02 墓地
遗迹北侧最引人注目的部分

耶拉波利斯遗址北面的墓地是整个遗址中比较引人注目的部分，规模非常庞大，虽然现在的墓地已经在地震中被损毁，只剩下了一片废墟，但依然可以感受到这里曾经的气势多么宏伟。在这片墓地遗迹中，共散落有1200多具石棺，是安纳托利亚地区最大的古墓场。这些石棺大多已经拥有2000多年的历史，样式各不相同，有方有圆，而且每具石棺的陪葬品也不尽相同。

看点 03 图密善之门
巨大的三门式拱门

图密善之门始建于公元1世纪，是一座巨大的三门式拱门，在图密善之门的两侧还有两座圆形的碉堡建筑。这座拱门表达了当时人们对罗马皇帝图密善的无限崇敬之情，因此被命名为图密善之门。走过这座拱门，游客可以看到许多石柱分布在道路两边，这里是当时的一个集市，通过这些石柱隔出了一个个小摊位，可以想象过去这里小贩们的叫卖声和来来往往的行人所构成的热闹场景。

畅游土耳其 爱琴海沿海

看点 04 | 阿波罗神殿与大剧场
规模宏大的剧场

阿波罗神殿在耶拉波利斯遗址的附近，原本是一座气势宏伟、造型精美、装饰华丽的神殿，但是由于历史悠久，在经历过几次地震后，就变成了现在人们所看到的一片废墟，只有一些乱石块，让人唏嘘不已。在阿波罗神殿旁边是一座建于罗马帝国哈德良皇帝时期的大剧场，最多可容纳15000名观众。大剧场的中间有两座舞台，观众席是沿着山势修建的，现在仍然保存完好。大剧场中不仅有舞台，还有为乐队准备的乐队席等设施。

看点 05 | 考古博物馆
耶拉波利斯遗址中的文物

耶拉波利斯遗址中的考古博物馆前身是一座古代罗马时期的浴场，如今收藏和展出了从耶拉波利斯遗址中出土的各种珍贵文物。馆内文物主要包括一些造型独特的石棺、做工精细的罗马时期雕像等，还有一些小型的文物。游客在这里可以充分感受到古罗马、古希腊时期的艺术之美，以及古老的耶拉波利斯文化的无限魅力，让人沉醉其中，流连忘返。

08 阿芙罗狄西亚遗址
保存较完整的古罗马遗址

阿芙罗狄西亚古城是土耳其众多古迹中保存较好的一处，难得的是，这片遗迹的挖掘工作全部都是由土耳其人完成的，由于意大利、奥地利等国家都和土耳其签订了考古挖掘计划书，因此阿芙罗狄西亚古城的考古工作由土耳其考古队执行，可以将挖掘出的所有文物都保留在土耳其境内，对土耳其具有非常重要的意义。阿芙罗狄西亚古城的历史最早可以追溯到公元前3000年的铜器时代，从阿芙罗狄忒神殿的大门、剧院、市集、运动场等建筑的特色可以看出，古城在罗马时代达到了全盛时期。由于当时的人们大多相信爱与美的女神阿芙罗狄忒正在守护着这座城市，因此为了表达对神明的崇敬之情，就以她的名字来命名这座城市。游客进入阿芙罗狄西亚遗址共有两个入口，两处都可以自由进入。

TIPS

Aydin和Denizili之间　0256-4488086　8里拉
Denizili乘巴士可到　★★★★

看点 01　城门牌楼
阿芙罗狄西亚最早的城门

城门牌楼是阿芙罗狄西亚古城最早的城门，虽然经过了千年的风雨，但这座城门依然保存完好，被认为是古城的标志性建筑之一。城门牌楼有8根柯林斯式石柱支撑，分为两排，还刻有精美的花纹，显得非常优雅挺拔。在城门牌楼上方的三角楣上刻有细致精美的浮雕，以爱与美的女神阿芙罗狄忒和她的儿子、小爱神厄洛斯的形象为主，表情生动，栩栩如生，让人不得不感叹古人技艺的高超。

看点 02　阿芙罗狄忒神殿
雄伟壮观的神殿

爱与美的女神阿芙罗狄忒非常受阿芙罗狄西亚古城人民的尊敬和喜爱，因此在古城的中心建造了这座宏伟的阿芙罗狄忒神殿。阿芙罗狄忒神殿曾在古罗马哈德良皇帝时期进行了扩建，使得整个神殿显得更加壮观，到了公元5世纪后，神殿又被改建成了教堂，最后遭到了严重损毁。如今，人们只能看到14根爱奥尼亚式石柱，以及一些神殿的残垣断壁，显得非常凄凉，让人唏嘘不已。在阿芙罗狄忒神殿中还曾出土过一座3米高的阿芙罗狄忒神像，现在被保存在附近的博物馆中供游客欣赏。

看点 03 议事厅
保存最为完好的大理石建筑

议事厅曾是古代阿芙罗狄西亚古城的行政中心，也是整个城市的核心，如今成为了阿芙罗狄西亚遗址中保存最完整的大理石建筑之一。现在人们所看到的议事厅是一座露天的建筑，其实这里原本是有顶的，屋顶在地震中坍塌了。议事厅内部结构与剧院非常相似，半圆形的观众席围绕着中间的舞台，观众席中还有装修精美的贵宾席，因此，议事厅既可以用于室内集会，也可以用于音乐会、戏剧等活动的举办，最多可以容纳1750人。

看点 04 运动场
遗址中规模最宏大的建筑

阿芙罗狄西亚遗址中规模最大的就是运动场，长262米，宽59米，始建于公元2世纪，至今保存较完整，轮廓清晰。运动场的中央是各种比赛用的竞技场地，周围是整齐的观众席，座椅都仍然保存完好，最多可容纳30000多名观众。过去这里还经常被用作赛马场，身处观众席中似乎仍然可以感受到以前人们为运动场中的运动员或赛马摇旗呐喊的热闹场面，因此非常值得一游。

畅游土耳其 爱琴海沿海

看点 05 哈德良浴场
罗马皇帝哈德良使用过的浴场

古罗马人对洗浴有非常特别的感情,上到皇帝,下到平民,都非常喜欢洗浴。阿芙罗狄西亚遗址中的哈德良浴场遗迹是罗马皇帝哈德良曾使用过的浴场,虽然已经拥有超过2000年的历史,但现在仍然可以看到浴场有更衣室、热水池、冷水池、蒸汽浴室等不同的功能厅,地下还有隐藏的烧水用的火炉室、下水道、引水设施等,让人不得不感叹古人的智慧和古代皇帝生活的奢华程度。

看点 06 亚哥拉古集市
阿芙罗狄西亚的中心集市

哈德良浴场旁边的亚哥拉古集市曾是阿芙罗狄西亚古城非常重要的中心集市,原本由东西南北四翼组成,大门位于东南侧,中央还有一个长263米、宽18米的巨大的水池,非常壮观。如今,这里只剩下了两排爱奥尼亚式石柱和一些断壁残垣。尽管如此,游客还是可以想象到过去这里一根根石柱中间的店铺都摆满了各种各样的商品,小商贩们的叫卖声和讨价还价的声音此起彼伏,非常热闹。

看点 07 剧院
希腊式剧院

阿芙罗狄西亚遗址中的大理石剧院始建于公元前3世纪,采用古希腊时期剧院的建筑风格,中间设有舞台和后台。整个剧院规模非常宏大,可以与以弗所遗址中的大剧院相媲美,而且保存也比较完整。在观众席中还可以看到过去为贵宾设立的贵宾席,椅背高于其他的座椅,看上去非常舒适。除此之外,观众席中还有椅背上刻有名字的专用坐席,这对当时的历史文化研究具有非常重要的意义。

看点 08 博物馆
希腊式剧院

逛完整个阿芙罗狄西亚遗址后，如果游客还觉得意犹未尽的话，可以来到阿芙罗狄西亚遗址中的博物馆。这座博物馆内收藏和展出了许多从阿芙罗狄西亚遗址中出土的珍贵文物，其中从阿芙罗狄忒神殿中出土的阿芙罗狄忒神像是博物馆中最珍贵的一件展品，被看做是博物馆的镇馆之宝，虽然神像的脸部已经被损坏，很难分辨，但丝毫不影响雕像的整体美感。博物馆中还有阿芙罗狄忒神殿的复原图，让游客能够感受到神殿曾经的神圣和宏伟的气势。除此之外，博物馆中还收藏有许多从阿芙罗狄西亚古城中著名的雕刻学校出来的优秀作品，做工都非常精美，可以让游客大饱眼福。

09 卡克立克岩洞 赏
缩小的地下帕穆克卡莱石灰棚

世界闻名的棉花堡正在逐渐消失，但在距希罗波利斯古城30公里外，有一个卡克立克岩洞，可以说是缩小的帕穆克卡莱石灰棚。由于这里一直是藏在地下，因此长时间以来都不被人们所知。岩洞内的岩池与帕穆克卡莱一样，都是因为富含碳酸钙的泉水流过，而形成如棉花般的白色结晶。岩洞的面积虽然与棉花堡相比要小很多，不过它隐藏在地下洞穴中，会让人感到非常凉爽舒适，再加上不同颜色的灯光衬托下，使得卡克立克岩洞中的石灰岩池显得更具梦幻色彩。在这里，游客还会闻到浓浓的硫磺泉的味道，听到隆隆的水声，与水和石头组成的各种景观一起，带给游客不一样的感受，让人大开眼界。

TIPS
🅐 Kaklik Cave 🅑 2里拉 🅒 帕穆克卡莱当地参加旅行团可到
⭐ ★★★★

畅游土耳其 爱琴海沿海

183

10 莫索洛斯陵墓
希腊时期的世界七大奇迹之一

莫索洛斯陵墓是为卡里亚王国的统治者莫索洛斯建造的，是他的妻子根据莫索洛斯生前所规划的样子，从希腊各地请来了许多著名的建筑师和雕刻家，才打造出这样一座伟大的建筑，被认为是希腊时期的世界七大奇迹之一。莫索洛斯陵墓下面是一个长38米、宽32米的墩座，四周环绕着爱奥尼亚式的柱廊，柱廊顶部是一座由24阶金字塔构成的屋顶，使得整个陵墓本身就像是一座气魄宏伟的神庙。陵墓上刻的浮雕和雕塑也都非常精致华丽，堪称是艺术上的杰作。这座陵墓与希腊时期的其他世界奇迹一样，现在只剩下了残败的遗迹供后人凭吊，而它所遗留下来的大量浮雕和雕塑，目前都存放在大英博物馆中，供游客参观游览，同时也吸引了许多艺术爱好者前来观摩学习。

TIPS

Turgut Reis Cad ☎0252-3161219 10里拉 周二至周日8:30-17:30 ★★★★★

11 博德鲁姆城堡 赏
博德鲁姆显著的地标建筑

博德鲁姆城堡又叫做圣彼得城堡，可以说是博德鲁姆最显著的地标之一，同时也是这座港湾城镇最主要的历史见证。15世纪初期，中亚的枭雄帖木儿入侵安纳托利亚之后，使当时仍处于发展阶段的奥斯曼帝国节节败退，在部分地区失去了优势，于是十字军之一的圣约翰骑士团就趁虚而入，以罗德岛为基地，一举夺下了博德鲁姆。博德鲁姆城堡始建于1406年，是采用从哈利卡纳苏斯陵墓拆卸下的石材建造而成的。城堡主要的5座塔楼分别代表了当时5个国籍的居民，包括西班牙、法兰西、意大利、德意志和英格兰，城堡规模宏大，建筑精美，整个建设工程持续了一个世纪。城堡建成后，当苏雷曼大帝于1523年攻克罗德岛之后，这座城堡重新归了了奥斯曼帝国。到了20世纪之后，这里被改建成为一座以收藏海底考古文物为主的博物馆。

TIPS
Çarşı Mh., 48400 Bodrum/Muğla Province 0252-3162516 20里拉 ★★★★★

畅游土耳其 — 爱琴海沿海

看点 01 沉船与玻璃器皿展示厅
11世纪时的沉船

博德鲁姆城堡中的沉船与玻璃器皿展示厅中的展品以一艘20世纪70年代发现的沉船骨架为主，这艘沉船船身长16米，宽5米，最早可以追溯到1025年，

主要的龙骨都是钢铁结构。在这艘沉船中出土了许多玻璃器皿，全部都摆放在了沉船与玻璃器皿展示厅中，因此推断这艘沉船为一艘商船，主要是在黑海的拜占庭和叙利亚法密德王朝之间进行贸易往来。展示厅中除了沉船中的玻璃器皿，还展有一些公元前15世纪到公元11世纪的玻璃器皿，都非常精美，在灯光的照射下散发出迷人光芒。

看点 02 铜器时代沉船展示厅
目前世界上最古老的海中沉船

在博德鲁姆城堡的英格兰塔中有一个铜器时代沉船展厅，以古代人类的航海史和海上贸易为主题。展示厅中央陈列的古代沉船是公元前14世纪时沉在卡什港外海的，可以说是目前世界上最古老的海洋沉船。这艘船在沉没时满载了重20吨的货物，包括铜、锡、玻璃、黑檀木、象牙、鸵鸟蛋壳等，还有亚述和巴比伦的印章、迦南的黄金珠宝和武器、埃及的圣甲虫、波罗的海的琥珀，以及塞浦路斯的陶器和铜器等商品，非常丰富。

看点 03	沉船残骸展示厅与礼拜堂

东罗马时期的船只

沉船残骸展示厅的前身是一座礼拜堂，奥斯曼帝国时期又被改建成了一座清真寺，如今用于展示一艘东罗马帝国时期的沉船。这艘沉船是从亚西阿达岛南部的水域中打捞上来的，船身长19米，宽5米，现在已经经过了复原，游客可以看到这艘船的原始面貌。除此之外，游客还可以走上这艘复原沉船，欣赏摆放在甲板上的双耳细颈陶罐。

看点 04	卡利安公主厅

东罗马时期的船只

　　1989年，土耳其的考古学家们在一座坟墓的石棺中发现了一具女性骸骨，这名女性大约死于公元前360年到公元前325年之间，40岁左右，还戴有黄金后冠、项链、手镯、戒指等精美华丽的饰品，还有一圈做工精良的黄金桃金娘叶，经过考证，发现她是莫索洛斯国王的女儿卡利安公主。如今，这具卡利安公主的骸骨被展示在博德鲁姆城堡的法兰西塔中，那里还展示有她所使用的各种饰品，除此之外，又通过高科技的手段将卡利安公主的容貌进行了复原，让游客能够一睹公主芳容。

畅游土耳其 | 爱琴海沿海

12 蓝色巡航之旅
博德鲁姆近海一日游

在博德鲁姆港湾西边最热闹的Neyzen Tevfik滨海大道旁，停靠着上百艘风帆游艇，是为游客提供博德鲁姆近海一日游行程的游船。最经典的行程线路是游客乘游艇沿着圣彼得城堡的外缘出海，直接航向卡拉达岛，然后换小船登岛，这里有著名的海底温泉和红泥浴，游客可以尽情地休闲放松。离开卡拉达岛后，小船会转往欧塔肯特海湾，最后航向"水族馆"，这里是由一个个海湾围绕起来的平静海域，游艇停泊在海面上，游客可以下水浮潜，与海中的鱼群共游，非常有趣。需要注意的是，这里几乎都是下水的行程，因此游客需要提前备好泳衣。

TIPS
📍Neyzen Tevfik Caddesi 💰20里拉 ★★★★

13 达里扬与苏丹尼耶温泉
体验有趣健康的泥巴浴

由于达里扬附近有吕底亚人的岩窟墓穴以及非常有趣的泥巴浴，才使这座原本只有一条河流经过的小渔村逐渐发展成为一座旅游观光小镇。来到达里扬，游客首先会看到两头堆叠在一起的海龟雕像，因为每年的5月至9月，小镇附近的伊足苏海滩就会变成海龟们的产卵胜地，因此这也成为了达里扬小镇吸引游客的一项旅游资源。整座小镇被达里扬河从中间贯穿，游客在这里可以乘坐游船沿着平稳的达里扬河航行，欣赏两岸的美丽景色，既有城镇风光，又有自然景观，在几乎垂直的山壁上，一个个五角形的吕底亚人墓穴非常壮观，让人惊叹不已。除此之外，游客还可以到苏丹尼耶温泉享受特殊的泥巴浴，由于泥巴中富含各种矿物质，因此这里的泥巴浴不仅有趣，还对身体和皮肤都非常有好处，是个休闲放松的好地方。

TIPS

Dalyan Iskelesi No.2　0252-2845374　Bodrum乘长途车在Dalyan下　★★★★

14 费特希耶考古博物馆
了解吕底亚文化的好地方 赏

经过费特希耶附近，一路上会看到许多悬崖峭壁上的岩窟墓地，或是散落在海边的石棺等，这些都是吕底亚文化的一部分，如果想要更加深入地了解当时吕底亚人的文化，费特希耶考古博物馆就是最好的选择。博物馆中收藏和展示了吕底亚文化的各种珍贵文物，其中最重要的文物就是各式各样的石碑，包括刻有死者和亲人浮雕的墓碑，雕工非常细致，人物生动形象，以及刻有对神明许愿承诺的"应许石碑"，还有上面刻有吕底亚语、希腊语、阿拉米语三种文字的石碑，是后人破解吕底亚文字的最佳工具，对吕底亚文化的研究和探索都具有非常重要的意义。

TIPS
Ataturk Cad　0252-6141150　2里拉 ★★★★

15 阿敏塔斯之墓
最著名的吕底亚崖壁坟墓 赏

费特希耶是一个群山环抱的小港湾，风景优美，环境优雅，小镇的东南面有很多陡峭的岩壁，有些地方几乎是呈垂直形态，在这些悬崖峭壁上有几座典型的吕底亚崖壁坟墓，其中最著名的就是阿敏塔斯之墓。阿敏塔斯之墓始建于公元前350年，在半露的方柱之间是两根爱奥尼亚式立柱，非常高贵典雅，采用典型的神庙式结构，再加上整个墓穴的雕工精细，让人不得不感叹古人手工技艺的高超。从墓穴的样式来看，阿敏塔斯可能是一位国王或者是泰尔梅索斯的一位行政长官。除此之外，墓穴的视野也非常开阔，在墓前可以俯瞰整个费特希耶港湾的美丽景色，特别是傍晚时分，可以欣赏美丽的海滨落日，让人沉醉其中。

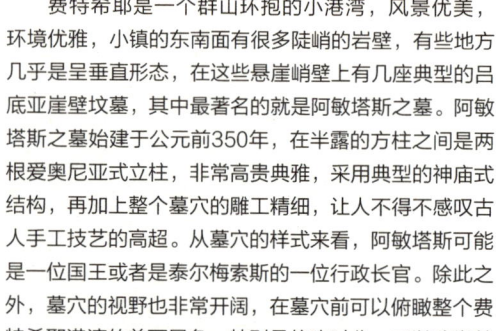

TIPS
费特希耶镇东　4里拉 ★★★

16 沙克里坎特峡谷
环境清幽静谧的山谷

"沙克里坎特"在土耳其语中就是"隐秘山谷"的意思，这个峡谷位于费特希耶的东南部，与当地的海滨风光截然不同，完全是一个环境清幽静谧的山谷，还有湍急的水流从谷中流过。而且，由于这里的地势非常险峻和狭窄，阳光很难照射进来，这使得峡谷中的气候阴冷，因此成为当地和附近的人们夏季避暑的好地方。如今，在峡谷的溪流上铺设了木栈道和餐饮平台，游客在这里可以一边欣赏周围美丽的自然原始景观，一边品尝美食，非常惬意和舒适，是个休闲放松度假的好地方。除此之外，溪水中还有许多小鱼游过，游客可以在溪边钓鱼。

TIPS

Saklikent Gorge　费特希耶镇迷你汽车站乘巴士可到　★★★★

畅游土耳其 · 爱琴海沿海

17 桑索斯与雷图恩遗址
古老的吕底亚文化核心

费特希耶是吕底亚文化的汇集地，桑索斯与雷图恩遗址就是吕底亚文化的核心，反映了吕底亚传统文化与希腊文化的交融，如今这里已经被联合国教科文组织列为了世界文化遗产。在罗马帝国时代和拜占庭帝国时代，这里都建造了许多重要的建筑，现在很难在这里发现吕底亚文化的痕迹，只有在那些悬崖峭壁上的墓穴洞窟和散落的石棺才能看到吕底亚文化的印记。在桑索斯与雷图恩遗址中，比较有名的遗迹有雷图恩神庙、阿波罗神庙和阿尔忒弥斯神庙，还有桑索斯的罗马剧场等，除此之外，这里还曾出土过许多珍贵的历史文物，包括青铜器时代早期的土陶器，可见早在公元前3000年时，这里就有人类定居。现在，这些文物大多收藏在英国的大英博物馆、伊斯坦布尔的考古博物馆中，供游客参观游览。

TIPS

Kinik　4里拉　费特希耶镇迷你汽车站乘巴士可到　★★★★

18 卡斯港
环境幽静的小镇 逛

卡斯港位于安提菲洛斯古城中，在一个狭长的半岛上，环境非常幽静，是喜爱安静的游客休闲度假的好地方，在这里可

以远离大城市的喧嚣以及那些拥挤的游客，与大自然进行自由亲密的接触。"卡斯"在土耳其语中是"眉毛"的意思，指的就是卡斯港前面那像眉毛一样的港湾。在港湾的后面有一座海拔500米的悬崖峭壁，近乎垂直，非常险峻，岩壁上还有吕底亚人的岩壁墓穴。这里虽然没有拥挤的游客，但各种设施仍然非常齐全，包括民宿、餐厅、酒吧等。许多高崖跳伞者、潜水客、健行背包客等都经常落脚于此，因而卡斯港又号称是地中海上的探险首都。到了夜晚，环绕港湾的小酒吧、餐厅都陆续点亮了灯光，播放起了土耳其当地的特色流行音乐，为游客提供了一个自在的夜生活环境。

TIPS
📍Kas Port 🚶卡斯市中心步行可到 ★★★★

19 卡莱圣尼古拉教堂
圣诞老人的发源地 赏

在卡斯港东部有一个土地肥沃平坦的河口小镇，名叫卡莱，又被称为德姆雷。在小镇中心的广场上，竖立着一尊红衣红帽、白胡白须的圣诞老人雕像，就连镇上的纪念品商店也都出售各式各样的圣诞老人纪念品，因为当地人坚信圣诞老人

并不是起源于一般人想到的冰天雪地的北欧地区，而是土耳其的圣尼古拉。在卡莱镇中心有一座圣尼古拉教堂，始建于公元3世纪，安葬着圣尼古拉的遗骸。到了拜占庭帝国时期，这座教堂又被改建成了拜占庭式建筑，后来，圣尼古拉的遗骸被意大利人偷走了，至今仍存放在意大利的巴里教堂中。

TIPS
📍Kale 💰10里拉 🚌卡斯乘长途车可到 ★★★

畅游土耳其 — 爱琴海沿海

20 米拉
历史悠久的小镇 赏

米拉是一个历史悠久的小镇，始建于公元前5世纪，至今已有几千年的历史，当地人主要从事港口贸易，依靠为君士坦丁堡和埃及供应香精而致富。这里与费特希耶、达里扬等地一样，也是吕底亚王国的遗址，游客在这里可以看到山上满是岩窟墓地的凿痕，众多墓地洞窟排列整齐，整个场面非常壮观。除了吕底亚文化的遗址，这里还有许多希腊和罗马时期遗迹，包括一座小有规模的剧场，但是这里与土耳其其他地方的希腊和罗马时期古迹相比，保护状况不是很好，整个剧场几乎已经变成了一片乱石，一些喜剧、悲剧的面具都散落在乱石堆中。

TIPS

Myra，7570 Demre/Antalya Province　10里拉　卡莱市中心步行可到　★★★★

21 奥林匹斯与凯米拉遗址
环境优美的吕底亚城市遗迹

奥林匹斯是一座隐没在丛林中的被废弃的吕底亚城市遗迹，自然环境非常优美，充满了原生态氛围，中间有小溪穿行流过，还有林间小径可以通往美丽的海边。在公元前2世纪时，这里曾是吕底亚人的重要城市之一，当地人主要崇拜希腊神话中的火神赫菲斯托斯。在众多希腊化的城市中，以火神为主神的城市并不多见，奥林匹斯崇拜火神的主要原因就是在距离城市7公里外的地方，有一个凯米拉遗址，"凯米拉"在土耳其语中的意思是吐火兽。凯米拉遗址位于奥林匹斯山附近，山脚下因地底富含瓦斯而喷出火焰，终年不熄。后来，罗马人占领了这里，曾让这里起死回生，但3世纪时又遭受到了海盗的攻击，就逐渐被废弃，成为了一片乱石。

TIPS
卡斯和安塔利亚之间　3里拉　卡斯乘长途汽车可到　★★★

畅游土耳其　爱琴海沿海

22 北塞浦路斯萨拉米古城遗址
北塞浦路斯重要的古城遗址

位于法马古斯塔以北的北塞浦路斯萨拉米古城遗址是北塞浦路斯重要的古城遗址，规模宏大，面积广阔，能够一直延伸到海边。这里曾是整个塞浦路斯岛上最繁华、最富裕的城市，因为这里盛产铜矿，因此也是一个非常重要的贸易场所。萨拉米古城拥有悠久的历史，如今这里经过千百年的风雨已经变成了一片废墟，在这片断壁残垣中还能够依稀分辨出城墙、集市、港口、竞技场、剧场、浴池，以及神殿等建筑，而在一些建筑遗址的角落中还可以看到部分马赛克地砖，图案非常精美，充满了艺术感，同时也让人们能够想象过去的古城有多么辉煌和繁荣。

TIPS

 Salamis ◎15里拉 ★★★★

23 卡帕兹半岛使徒安德烈修道院

卡帕兹半岛最重要的基督教圣地之一

赏

畅游土耳其 — 爱琴海沿海

卡帕兹半岛是塞浦路斯岛上原野和海岸的终点，也是整个塞浦路斯的末端。这里的海水是整个塞浦路斯岛上最清澈、最湛蓝的，这里的环境也是最具塞浦路斯特色的，游客在这里可以体验到最真实的塞浦路斯岛的风光，非常令人沉醉，让人流连忘返。而且，卡帕兹半岛也是自行车爱好者和徒步旅行爱好者最喜爱的地方之一。在卡帕兹半岛的一个岬角上，有一座修道院，就是使徒安德烈修道院，始建于12世纪，一直保持着古老而神秘的宗教氛围，被当地的基督徒们认为是最重要的基督教圣地之一，如今又被联合国教科文组织列为世界文化遗产，吸引了来自世界各地的众多基督教徒和观光客。

TIPS

📍 Apostolos Andreas Monastery, Karpaz Anayolu
⭐ ★★★★

197

TURKEY GUIDE

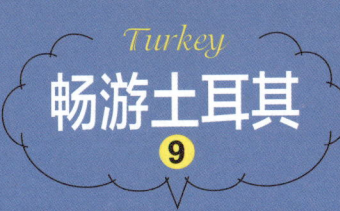

Turkey

畅游土耳其 ❾

土耳其其他

01 布尔萨绿色清真寺

古典奥斯曼建筑风格的开创者

绿色清真寺是布尔萨最著名的纪念性建筑，始建于1412年苏丹穆罕默德一世时期，可以与伊斯坦布尔的蓝色清真寺相提并论。在土耳其的建筑史上，这座绿色清真寺象征了一个转折点，以前的土耳其清真寺都是延续和采用了波斯风格或塞尔柱风格，从绿色清真寺开始转为了古典奥斯曼风格，从绿色清真寺协调的立面以及入口处精细复杂的大理石雕刻就可以看出这里的不同，因此在建筑史上具有非常重要的意义。在绿色清真寺内，面向麦加朝拜的壁龛高达15米，而且整座清真寺内部都贴满了蓝绿色的伊兹尼磁砖，这也是土耳其人第一次将瓷砖运用到清真寺内，因此得名为绿色清真寺。

TIPS
Yesil Cad ★★★★

看点 01 | 绿色陵墓
穆罕默德一世陵墓

紧挨着绿色清真寺的奥斯曼苏丹穆罕默德一世的陵墓就是著名的绿色陵墓，采用古老的塞尔柱式风格，与古典奥斯曼风格的清真寺形成了鲜明对比。在绿色陵墓中除了穆罕默德一世的石棺，还摆放有他的子女的石棺，而且随处可见精美华丽的瓷砖作为装饰，非常漂亮。除了陵墓入口处的瓷砖是过去保留下来的原始瓷砖，陵墓外面其他地方的瓷砖都是19世纪时补贴的。对于当地的穆斯林来说，这座陵墓具有非常神圣的意义，是他们的朝拜圣地。

看点 02 | 土耳其伊斯兰博物馆
布尔萨最重要的博物馆之一

土耳其伊斯兰博物馆的前身是一座伊斯兰学校，过去曾与清真寺是一个建筑群，始建于15世纪，是一座典型的古典奥斯曼风格建筑。同时，土耳其伊斯兰博物馆也是布尔萨最重要的博物馆之一，馆藏文物非常丰富，主要收藏和展示了从塞尔柱时期到奥斯曼帝国时期的众多珍贵文物和艺术佳作，包括各种陶器、伊兹尼瓷砖等。除此之外，游客在这里还能看到布尔萨最著名的艺术皮影戏，非常精彩，让人大饱眼福。

02 有顶集市
普通土耳其人日常生活的展示

  有顶市集是位于布尔萨市中心的一片区域的总称,周围汇集了许多布尔萨地区的知名景点,包括大清真寺、柯札罕、柯札公园、艾米尔罕、市政厅、乌姆尔贝土耳其澡堂、欧罕加济清真寺、费丹罕等,都是值得游客一一品味的景点和建筑。有顶市集不同于伊斯坦布尔大集市的地方在于,这里没有那么强的观光性,而是最普通的土耳其人日常生活的展示,在这里游客能够体验到最真实的土耳其生活。有顶市集始建于14世纪末,主要经营各种生活用品、手工艺品、食物等,种类繁多,其中最受游客欢迎的就是当地有名的手工织品,包括蕾丝、毛巾、浴衣及丝织品等,做工精细,花纹精美,吸引了许多游客前来购买。

TIPS
Atatuk Cad

看点01 大清真寺
有顶集市周边重要的建筑

  大清真寺是有顶集市周围最重要的一座建筑,始建于1396年,是一座典型的塞尔柱风格建筑。整座建筑呈一个大四方形,屋顶有20个小圆顶,入口处有一座巨大的大门和许多林立的廊柱,除此之外,还有一座三层水池,在清真寺正中央圆顶下方,是穆斯林前来朝拜时净身的地方。这座大清真寺一直是布尔萨地区当地居民和外来朝圣者的信仰中心,因此每天都有很多人来到这里净身、诵读《古兰经》,并且进行祷告,非常热闹。

看点 02 柯札罕
布尔萨曾经是丝绸之路重要城市的证据

在有顶集市周围的街道上环绕着许多回廊式建筑，大都盖在有树荫和清凉的喷泉中庭附近，这种回廊式建筑就是"罕"。在有顶集市周围的众多罕中，最著名的就是柯札罕，始建于1491年苏丹贝亚济二世在位时期。布尔萨曾是丝绸之路上的一个重要城市，柯札罕一直是各种丝织品商铺的聚集地，直到现在，每年6、7月时还能在这里看到附近的村民挑着蚕茧来售卖，这项一年一度的交易活动已经延续了上千年，是布尔萨作为丝绸之路上重要城市的见证。

03 穆拉迪耶清真寺建筑群
喧嚣闹市中的一片安静祥和之地

TIPS
 Merkez, Çekirge/Bursa Province

穆拉迪耶是布尔萨最古老的地区之一，清真寺建筑群的前面是一个绿草如茵的公园，后面是一片墓地，因此这里可以说是繁华城市中的一片绿洲，非常安静祥和，是喧嚣闹市中的一个静谧之地。整个建筑群包括一座清真寺、一所伊斯兰宗教学校、土耳其浴室、公共厨房和水池，是苏丹穆拉特二世于1447年下令修建的。建筑群中的清真寺和伊斯兰宗教学校都是典型的塞尔柱时期的建筑，内部铺有古老的伊兹尼瓷砖，外部则是古朴的红砖，充满了历史感。墓地区域共有12座样式不同的坟墓，其中就包括了苏丹穆拉特二世的陵墓，他是最后一位葬在布尔萨的奥斯曼苏丹。

04 卡拉格兹艺术家之家
土耳其皮影戏之家

皮影戏起源于中国的西汉时期，后来流传到了东南亚、阿拉伯和欧美等一些国家，经过了几百年的传承，这些国家的皮影戏都带有了自己的鲜明特色。皮尔萨被人们认为是土耳其皮影戏的发源地，如今，这项古老的艺术已经成为土耳其人民非常喜爱的一项表演艺术。土耳其的皮影戏道具是用骆驼皮制成的，涂有亮油，呈半透明状。而且，土耳其的皮影大多采用细致精美的彩绘，使人物形象生动传神。卡拉格兹艺术家之家是土耳其有名的皮影戏之家，这里的主人曾是一位古董店老板，因此收藏有许多传统的土耳其皮影戏的道具，并且经常在这里举行皮影表演，吸引了许多观众前来观看。除此之外，这里还有能够制作皮影木偶的手工艺人，可以将这项珍贵的艺术传承和发扬下去。

TIPS
📍 Cekirge Caddesi No.159　☎ 0224-2322590　⭐ ★★★★

05 特拉布宗圣索菲亚教堂
土耳其东部保存最完好的教堂

特拉布宗圣索菲亚教堂始建于13世纪中期的特拉布宗王国时期，是整个土耳其东部与黑海沿岸地区保存最完好的一座教堂，具有很高的知名度，与著名的伊斯坦布尔圣索菲亚大教堂齐名。教堂建筑以伊斯坦布尔的圣索菲亚大教堂为模板，依靠四根巨大的石柱支撑起高大的穹顶，充满了晚期拜占庭建筑风格。教堂内部装饰有许多非常精美的壁画，以《圣经·新约》中的故事为主要内容，使整个教堂内部充满了神秘感。教堂的外部则装饰有许多以当地伊斯兰文化为主的浮雕，雕工细致精巧，浮雕形象生动，与教堂内神圣的壁画形成了鲜明的对比。

TIPS
📍 Fatih Mh.,61040 Trabzon/Trabzon Province　💰 5里拉　🚌 特拉布宗Meydan Parki乘迷你巴士可到　⭐ ★★★★

06 内姆鲁特山国家公园
古老的科马吉尼王国遗迹 赏

内姆鲁特山位于土耳其东部,海拔2134米,山顶上有公元前1世纪的科马吉尼王国的国王安提奥克斯一世为自己修建的陵墓。陵墓是用石头堆砌而成的,高49米,直径为152米,东、西、北三面有台阶式的院落,东面有两道矮墙,上面有一尊安提奥克斯一世的雕像,高约8米,两侧还有狮子和鹰的雕像。除此之外,还有5尊希腊和波斯的神像,都高达7米,这些神像的头部都是用整个石块雕刻而成的,身体是用石块堆砌的,如今这些雕像都已经倒塌散落,只剩下地上的一片乱石。游客站在这片科马吉尼王国的遗迹之中,一定会有一种历史沧桑感,并为此唏嘘不已。

TIPS
Kahta, 02400 Adıyaman Province 0416-7255007 5里拉 Kahta乘巴士可到 ★★★★

07 苏美莱修道院
悬崖峭壁间的古老修道院

苏美莱修道院位于土耳其北部，背靠青山绿水，面向无边无际的黑海，空气中总是弥漫着醉人的茶香，环境非常优美。修道院始建于公元386年，位于距离海平面将近1200米高的悬崖峭壁间，当地人始终相信是在神的力量帮助下，才能建造出如此神奇的建筑。许多历史建筑物都会随着时代的改变而被破坏，成为一片废墟，苏美莱修道院也不例外。如今我们所见到的修道院是13世纪Alaxios三世时期修建的，由于受到了奥斯曼帝国的保护，修道院大部分都保存完好，只是在近代土耳其和希腊的战争中，部分壁画受到了损坏。整个苏美莱修道院是沿着山形建造的，修建在山洞中，远看就像悬在空中一样，游客需要通过一条长长的石梯才能来到这个身处云间的圣地。修道院中有许多精美的湿壁画，与卡帕多西亚山洞教堂内的壁画相似。

TIPS
Maçka, 61750 Trabzon Province ⊙8里拉 ⊜特拉布宗乘迷你巴士可到 ★★★★

08 萨夫兰博卢Carsi区
传统古建筑的聚集区

　　萨夫兰博卢从13世纪到20世纪初期一直都是东西贸易线上的一个重要驿站，位于安纳托利亚高原边缘的山区。17世纪时，萨夫兰博卢的发展到达了鼎盛时期，城区中修建了许多装饰精美的豪宅，市场的规模也越来越大，非常壮观，后来随着铁路和新型商业机构的出现，萨夫兰博卢逐渐变得没落。Carsi区是萨夫兰博卢的中心区，拥有许多古老的房屋建筑，这些建筑都非常精美，充满了当时的时代特征，如今这里的许多古建筑经过了修复后变成了旅馆、商店和博物馆等。游客在这里可以在街道上随意漫步，感受当地的独特氛围。

TIPS
🏠 Safranbolu　☎ 0370-7123863(游客服务中心)　🚌 安卡拉乘长途汽车可到　★★★★

看点 01 俊吉土耳其浴场
历史悠久的浴场

俊吉土耳其浴场始建于17世纪,至今已有300多年的历史,而且现在仍在使用,充满了浓郁的历史气息。这座浴场的知名度并不是很高,也没有精美的建筑,因此很少有观光客到这里沐浴,大多都是当地人。游客在这里可以感受到更加真实的土耳其日常生活,而且这里至今仍保留了古代传统的沐浴习俗,对于想要体验传统的土耳其浴的游客来说,俊吉土耳其浴场是一个不错的选择。

看点 02 帕夏清真寺
carsi街区值得参观的建筑

帕夏清真寺位于carsi街区上,是当地值得参观的建筑之一,由大维齐尔建于1796年,后来在1903年重建。浓浓的宗教气息使人能感受到纯粹的土耳其宗教文化,站在希德尔立克山丘上可以清晰地看到它的全貌。

看点 03　奥斯曼宅邸
奥斯曼时期的富人豪宅

萨夫兰博卢市中心的Carsi区有许多古建筑，大多是一些富人的豪宅。由于这里一年四季气候温和，冬暖夏凉，特别是冬天的保暖效果非常好，因此在奥斯曼帝国时期，许多萨夫兰博卢的富人都会有两栋房子，一栋位于Carsi区用于冬天居住，另一栋位于Baglar区用于夏天居住。如今，萨夫兰博卢Carsi区的奥斯曼宅邸大都保存完好，木质结构的房屋装修都很豪华，是典型的奥斯曼风格建筑。

看点 04　俊吉旅馆
丝绸之路上的商人休息驿站

萨夫兰博卢曾是丝绸之路上的一个重要枢纽，许多来自世界各地的客商都会在这里歇脚。俊吉旅馆的前身就是丝绸之路上的一座供商人休息落脚的驿站，始建于1645年，历史悠久。俊吉旅馆的规模非常宏大，是萨夫兰博卢占地面积最大的建筑物，与传统的奥斯曼风格建筑完全不同，如今已经成为了世界各地游客到萨夫兰博卢旅游时休息落脚的好地方。到了周六，俊吉旅馆后面的广场上还有一个假日集市，售卖各种具有当地特色的小商品，吸引了许多游客和市民，非常热闹。

09 卡尔斯
土耳其东北边陲的国防重镇 逛

卡尔斯位于土耳其东北部的边陲地区，一直是土耳其的国防重镇，也是一个饱受争议的地区，经常被亚美尼亚、俄罗斯等国家占据，直到最近才回归土耳其。正是因为卡尔斯在很长一段时间内都不属于土耳其，这里的民居建筑，以及民风民俗都带有浓郁的俄罗斯气息，充满了异国风情，因此卡尔斯又被称为"小俄罗斯"。这里最有名的就是蜂蜜和芝士，是整个土耳其最好的蜂蜜和芝士，到卡尔斯旅游的游客绝对不能错过，非常值得一试。

TIPS
🏠 Kars ☎ 0474-2126817（游客服务中心） 🚌 多乌巴亚泽特乘小巴可到 ★★★★

看点 01 神圣使徒教堂
卡尔斯唯一一座保护完好的亚美尼亚古教堂

在卡尔斯城堡的下方有一座教堂，就是神圣使徒教堂，是亚美尼亚国王修建的，始建于公元10世纪，至今仍然保存完好。这座教堂几经波折，但都保持了最原始的风貌，就连教堂屋顶的使徒浮雕都保存完整，16世纪时这里曾被突厥人占领后改为清真寺，19世纪时又被改为了东正教教堂。神圣使徒教堂呈十字形，中间是一个大型的圆顶，圆顶上方还有尖塔，是一座典型的亚美尼亚风格建筑。

看点 02 卡尔斯城堡
卡尔斯最核心的建筑

卡尔斯城堡位于卡尔斯城北山头，是当地最核心的建筑，地势很高，可以居高临下地俯瞰整座城市。城堡始建于巴格拉蒂王朝时期，装饰有许多亚美尼亚风格的花纹，并刻有铭文，到了奥斯曼帝国时期，城堡又进行了扩建，成为现在人们看到的样子。游客在这里可以登上城堡，向四周眺望，不仅可以看到整个卡尔斯的美丽风光，还可以看到远处的景观。除此之外，游客还可以游览欣赏城堡下方的古建筑遗迹，包括土耳其公共浴室、亚美尼亚教堂等。

看点 03 阿尼古城
曾经无比繁荣的城市

阿尼古城是亚美尼亚历史上最著名的古都，始建于公元10世纪，11世纪初期达到鼎盛，繁华程度可与当时的君士坦丁堡相媲美，拥有许多精美的宫殿城堡建筑和华丽的教堂等，号称是"有一千座教堂的城市"。阿尼古城位于一片开阔的平地，易守难攻，是丝绸之路上的交通要冲。从11世纪中期开始，阿尼古城由于连续的战乱、地震等原因开始逐渐衰落，蒙古西征后更是元气大伤，在帖木儿时代以后彻底废弃，如今只剩下了一片片废墟遗迹，让人唏嘘不已。

10 多乌巴亚泽特
土耳其东部的边境小镇 逛

多乌巴亚泽特位于土耳其东部，与伊朗接壤，是一个远离喧嚣繁华的边境小镇，安静而祥和，由于是两国交界处，因此军事警戒非常严格。小镇上的居民主要是库尔德人，很多游客来到这里都是为了从这里进入伊朗，还有一些游客是为了欣赏这里美丽壮观的自然景观。土耳其的最高峰亚拉拉特山就在这里，高耸入云的山峰，再加上诺亚方舟的神话故事带来的神秘色彩，都为这里增添了几分知名度。除此之外，小镇上还有许多像艾萨克帕夏宫殿一样的历史古迹，非常有价值，吸引了许多来自世界各地的游客前来参观游览。

TIPS

 Dogubeyazit 特拉布宗乘长途车可到 ★★★★

看点 01	**亚拉拉特山**
	土耳其最高峰

亚拉拉特山是土耳其海拔最高的山峰，位于土耳其和伊朗的边界附近。由于《圣经》的"创世纪"篇记载着，诺亚方舟在大洪水后停靠在了亚拉拉特山，使得亚拉拉特山在欧洲、西亚的基督教世界中名声大振。亚拉拉特山分为大亚拉拉特山和小亚拉拉特山两座山峰，是由火山熔岩和火山灰等火山喷出物堆积而成的锥形火山，山顶常年积雪，从远处看，雪白的山顶与天空相接，景色非常壮观美丽。亚拉拉特山一直是亚美尼亚人的精神象征，亚美尼亚人经常以这里作为主题进行艺术创作，因此吸引了许多游客前来一睹亚拉拉特山的风采。

看点 02	**艾萨克帕夏宫殿**
	多乌巴亚泽特最重要的建筑之一

在多乌巴亚泽特镇中心东边的连绵群山中有一座非常壮丽、气势宏伟的宫殿，就是艾萨克帕夏宫殿，是当地著名的旅游景点之一。游客可以乘坐镇上的巴士直接来到宫殿脚下，也可以徒步上山，一边欣赏周围的奇山峻石、峡谷溪流和树木花草，一边向着宫殿的方向步行，感受山间的自然气息。艾萨克帕夏宫殿建于17世纪前后，是当时统治周边地区王国的王宫，将居住、军事、行政、宗教、艺术等多种功能集于一身，而且融合了多种不同时期的建筑风格，非常华丽，让人眼花缭乱。

畅游土耳其 土耳其其他

索引 INDEX 畅游土耳其 TURKEY

A

阿尔忒弥斯神殿遗址	161
阿芙罗狄西亚遗址	179
阿拉斯塔集市	052
阿敏塔斯之墓	190
阿珊索尔塔	150
阿斯班多斯古城	139
阿瓦诺斯	121
安卡拉大城堡	104
安纳托利亚文明史博物馆	102
安塔利亚旧城区	133
安塔利亚考古博物馆	130
奥尔塔柯伊	081
奥林匹斯与凯米拉遗址	195

B

Begendik Merkezi	127
北塞浦路斯萨拉米古城遗址	196
贝尔加马	172
贝勒贝伊宫	083
滨海散步大道	147
博德鲁姆城堡	185
博斯普鲁斯海峡	079
布尔萨绿色清真寺	200

C

Cemberlitas土耳其浴场	051
策尔维户外博物馆	119

D

Daruzziyafe Turk Mutfagi	066
达里扬与苏丹尼耶温泉	189
地下城	123
地下宫殿	049
独立战争博物馆	104
多乌巴亚泽特	212
朵玛巴切皇宫	074
朵玛巴切清真寺	078

F

法提赫清真寺	071
费特希耶考古博物馆	190

G

葛勒梅与葛勒梅露天博物馆	112

卡迪菲卡城堡	149
卡尔斯	210
卡克立克岩洞	183
卡拉格兹艺术家之家	204
卡拉柯伊	098
卡莱圣尼古拉教堂	193
卡里耶博物馆	070
卡帕兹半岛使徒安德烈修道院	197
卡斯港	193
凯末尔-阿塔图尔克陵园	106
考古博物馆&民俗博物馆	151
科纳克广场	146
科尼亚阿拉丁山丘	124
克兹塔	084
肯梅拉尔特市场大街	165
库沙达瑟	164

L

Istinye Park	087
蓝色清真寺	047
蓝色巡航之旅	188
鲁梅利城堡	080
罗马浴室遗址	105
吕斯泰姆帕夏清真寺	066

H

哈吉-贝拉姆清真寺	103
哈图沙什遗址	107

J

加拉达梅芙雷维博物馆	092
加拉达塔	090
加拉达塔景观餐厅	091
加洛鲁浴场	050
金角湾	069
军事博物馆	097

M

梅芙拉纳博物馆	126
米赫里马赫苏丹清真寺	085
莫索洛斯陵墓	184
穆拉迪耶清真寺建筑群	203
米拉	**194**

N

内姆鲁特山国家公园	205
欧塔希沙保垒	117

K

Kanyon	086

圣母玛利亚之屋	162
圣索菲亚教堂	041
圣约翰教堂	151
苏丹艾哈迈德广场	038
苏丹罕商旅驿站	124
苏雷曼尼亚清真寺	065
苏美莱修道院	206

T

Tarihi Sultanahmet Koftecisi Selim Usta	051
Termessos古城	140
特拉布宗圣索菲亚教堂	204
特洛伊木马	168
特洛伊遗址	171
土耳其及伊斯兰美术馆	050
托普卡帕皇宫	055

V

| Vanilla Lounge | 143 |

Q

帕穆克卡莱	174
帕夏贝	120
佩尔格	136
佩拉宫旅馆	093
奇梅里克堡垒与军事博物馆	169
恰姆利查山	086
恰纳卡莱考古博物馆	170
恰乌辛	118

S

Saray Muhallebicisi	099
Sipahi Okey	165
萨夫兰博卢Carsi区	207
塞尔丘克以弗所考古博物馆	148
桑索斯与雷图恩遗址	192
沙克里坎特峡谷	191

徐林杰山城	163

Yengec Restaurant	165
亚哥拉古集市	148
耶拉波利斯遗址	176
耶尼清真寺	067
伊沙贝清真寺	152
伊斯坦布尔考古博物馆	053
伊斯提克拉尔路	094
以弗所古城遗迹	153
有顶大集市	064
有顶集市	202
于尔居普	122

乌奇沙保垒	116

锡德	141
锡尔克吉火车站	068
香料集市	067
镶嵌画博物馆	052
小毛驴特色餐厅	098

Zencefil	099
Zenger Pasa Konag	109
朱汀瀑布	132

考拉旅行书目，带您乐游全球！

攻略系列！

   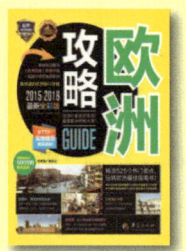 

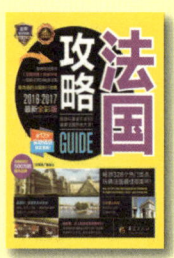  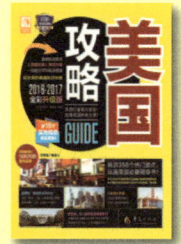  

 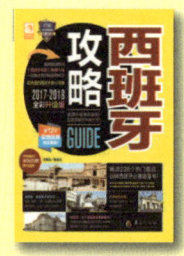 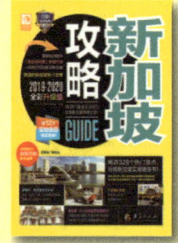  

更多图书
敬请期待……

考拉旅行书目，带您乐游全球！

● 畅游系列！

畅游韩国 / 畅游美国 / 畅游欧洲 / 畅游台湾 / 畅游泰国

畅游香港 / 畅游澳大利亚 / 畅游德国 / 畅游法国 / 畅游日本

畅游英国 / 畅游意大利 / 畅游北欧 / 畅游加拿大 / 畅游瑞士

 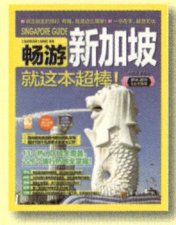   

畅游西班牙 / 畅游新加坡 / 畅游新西兰 / 畅游东南亚 / 畅游希腊

畅游土耳其 / 畅游京阪神 / 畅游越南 / 畅游马来西亚 / 畅游东京

图书在版编目（CIP）数据

畅游土耳其 /《畅游土耳其》编辑部编著． -- 北京：华夏出版社，2020．1
ISBN 978–7–5080–9609–4

Ⅰ．①畅… Ⅱ．①畅… Ⅲ．①旅游指南－土耳其 Ⅳ．① K937.49

中国版本图书馆 CIP 数据核字（2018）第 282670 号

畅游土耳其

作　　者	《畅游土耳其》编辑部
责任编辑	杨小英
责任印制	刘　洋
出版发行	华夏出版社
经　　销	新华书店
印　　装	北京华宇信诺印刷有限公司
版　　次	2020年1月北京第1版　2020年1月北京第1次印刷
开　　本	720×920　1/16开
印　　张	14
字　　数	200千字
定　　价	68.00元

华夏出版社　网址：www.hxph.com.cn　地址：北京市东直门外香河园北里4号　邮编：100028
若发现本版图书有印装质量问题，请与我社营销中心联系调换。　电话：(010) 64663331（转）

考拉旅行 乐游全球